부처님 회사 오신 날

사무실에서 따라 하면
성과가 오르는 부처의 말씀들

# 부처님
# 회사 오신 날

댄 지그몬드 지음
최영열 옮김

자음과모음

서문 : 부처는 일하지 않았다 … 6

# 부처는 일하지 않았다

부처는 평생 단 하루도 일하지 않았다. 약 2500년 전 고대 인도에서 태어나 응석받이 왕자로 자란 싯다르타는 부유한 삶을 버린 채 떠돌이 수도승이 되었고, 존경받는 영적 스승으로 일생을 마쳤다. 그런데 그 모든 과정을 통틀어 단 한 번도 급여를 받고 일한 적은 없었다.* 정확히 알 길은 없으나 평생 돈을 만져본 경험이 없을 수도 있고, 가까운 제자들 또한 돈과 거리를 두도록 했을 수도 있다.

---

* 집안일을 하느라 바빴던 것도 아니다. 싯다르타는 자신의 외아들이 태어난 다음 날 집을 떠났다. 그러니 출가하기 전에는 기저귀를 갈아본 경험조차 없을 것으로 추정된다.

그렇다면 사람들은 왜 평생 남에게 얻어먹기만 한 사람이 일에 대해 무슨 말을 했는지 굳이 알려고 하는 걸까?

이야기를 풀어서 시작해보자. 오늘날에도 부처처럼 속세를 버리고 수도자의 삶을 사는 이들이 있다. 전 세계적으로 수십만에서 백만 명 또는 그 이상이니 당신이 생각했던 것보다 많을 수도 있겠다. 하지만 이 책을 읽고 있는 당신은 분명 그런 삶을 살고 있지는 않을 것이다. 절이나 사원에 틀어박혀 일생을 보내기로 한 사람도, 정처 없이 한적한 시골을 떠도는 사람도 아닐 것이다. 나도 그런 사람이 아니다. 오늘날 대부분의 사람들은 부처와 그의 제자들처럼 살지 않는다. 성인이 되고 나서는 거의 모든 나날을 일하면서 보낸다.

일이라는 것 자체를 싫어하는 사람도 있다. 요즘에는 자신의 일을 진정으로 사랑하는 사람은 드문 편이다. 억지로 버티며 일하는 사람이 너무나도 많다. 애타게 주말을 기다리다 이틀 동안 자신이 생각하는 진정한 삶으로 돌아갈 수 있다면 그나마 운이 좋은 편에 속한다. 토요일, 일요일에도 스트레스에 시달리며 주중과 다름없이 일해야 하는 사람도 많다. 자신에게 주어진 휴가를 미처 다 쓰지 못하는 경우도 많다. 이들은 조기 퇴직을 꿈꾸기도 하고, 미래에 주어질 보상에 대한 희망을 품고 버티기도 한다.

자기 일을 사랑하는 아주 운이 좋은 극소수의 사람도 나름의 고충을 안고 산다. 아마도 끊임없는 스트레스, 원하는 것을 갖지 못하는 데서 오는 불만, 동료나 고객의 불편한 행동 같은 것들 때문일 것이다. 아니면 일 자체에는 불만이 없으나 일이 조금만 적었으면 하는 바람이 있을지도 모른다. 직업을 가진 사람이라면 누구나 일과 삶의 균형을 맞추려고 애쓸 것이다. 과연 일과 관련된 이메일이나 문자메시지에 답하는 것을 진심으로 즐기는 사람이 있기는 할까? 이렇게 쉴 새 없이 달리는 삶을 사는 이들이 들으면 깜짝 놀랄 만한 이야기가 있다. 2016년의 한 연구에 따르면 미국인의 사망 원인 가운데 다섯 번째가 업무와 관련된 스트레스라고 한다. 그래서 정년을 못 채우고 일을 그만두는 사람도 많다.

그런데 우리가 반드시 이렇게 살아야 하는 건 아니다. 2500년 전, 부처는 회사 근처에도 가보지 않았지만 이 점을 잘 알고 있었다.

큰 깨달음을 얻고 말 그대로 부처(산스크리트어로 붓다는 '깨달은 자'를 뜻한다)가 된 싯다르타는 깨달음의 여덟 가지 핵심 요소 중 하나로 '올바른 생계'를 꼽았다. 부처는 일의 중요성과 더불어 일을 '올바르게' 하는 것 또한 중요하다는 것을 알고 있었다. 고대 인도를 돌아다니며 새로운 영적 해방의 길에 관한 가르침을 설파한 부처는 자신과 같은 떠돌이 수행자뿐만 아니라 일상을 영위하며 가르침을 따른 '재가자(출가하지 않고 수행하는 사람)'도 제자의 범주에 포함했다. 무려 2500년 전부터 부처는 우리 대부분이 깨어 있는 시간을 일하며 보내리라는 것과 거기에서 깨달음을 찾아야 한다는 것을 알고 있었다.

부처는 당시 상위 1%에 속하는 가정에서 자랐고 훗날 왕족에게 귀빈 대접을 받기도 했지만, 한편으로는 생존을 위해 힘겹게 살아가는 농부, 장인, 영세 상인들에게 둘러싸여 있었다. 흔히 수트라로 불리는 불교 경전에는 그 시대에 존재한 수십 가지의 직종이 언급되며, 부처의 강연을 들은 청중은 왕족에서 노예에 이르기까지 다양한 계층으로 이루어져 있었다. 부처의 설법을 듣던 사람 대부분에게 일이란 생활에서 필수적이고 중심적인 부분이었다. 지금처럼 그 당시에도 일이라는 것을 쏙 빼놓고 설법할 수는 없었을 것이다. 부처는 깨달음을 얻는 것이 온전히 수도자의 삶을 사는 이들에게만 국한되지 않는다고 생각했다. 따라서 평범한 사람들이 올바르게 일할 수 있게 돕는 것이야말로 자신만의 깨달음을 얻도록 돕는 일이라는 것을 알고 있었다.

우리를 지치게 하는 일이 아닌, 진정으로 깨어나도록 하는 필수 요소로서의 일. 이것이 바로 이 책에서 다루고자 하는 내용이다.

이 책은 직업을 가져본 적이 없는 부처가 왜 그렇게 '올바른 생계'를 중요시했는지 이해하는 데 도움을 줄 것이다. 나아가 '올바른'이라는 단어가 '나에게 적합한' '건강에 이로운' '정신에 이로운' '세상에 이로운'으로 응용될 수 있는지도 살펴볼 것이다.

부처의 가르침은 복잡하지 않다. 부처는 첫 설법에서 모든 것을 약 700개의 단어로 펼쳐놓았다. 대략 이 책에서 지금까지 읽은 단어 수와 비슷할 것이다. 설법의 내용은 대부분 우리가 세상에 더 관심을 기울이도록 하는 정직함과 균형감 같은 기본적인 원칙들로 귀결된다. 하지만 아무리 간단한 가르침이라도 복잡한 일상에 적용하는 것은 까다로울 수 있다. 이러한 개념들을 부처가 여러 해에 걸쳐 설명하면서, 누가 기록하느냐에 따라 몇만 배까지 불어났다.

직업을 가져본 경험이 전혀 없음에도 부처는 설법에서 일에 대해 많이 이야기했다. 가르침 중 일부는 매우 구체적인 동시에 너무나도 당연한 말처럼 들린다(예를 들어 무기, 인신매매, 마약과 관련된 직업은 피할 것을 제안했다). 그런데 일단 털실 한 가닥을 잡아당기기 시작하면 스웨터 전체가 풀리듯 쉽게 이해될 수도 있다. 가령 부처는 '취하게 만드는 것'과 '독'으로 장사하는 것을 피하라고 했는데, 그것이 진정으로 의미하는 것은 무엇일까? 나는 인스타그램과 페이스북에서 몇 년 동안 일했다. 그 온라인 플랫폼들은 우리를 '취하게 만드는 것'일까? 심지어 독이라고 불릴 만한가? 난 아니라고 생각하지만 그렇다고 하는 사람도 분명 있을 것이다. '취하게 만드는 것'에 텔레비전도 들어갈까? 비디오게임은? 석탄을 캐는 광부들은 독성 물질을 거래하는 사람들인가? 자동차 제조업 종사자는? 설탕을 독이라고 하는 사람도 있는데, 그렇다면 아이스크림 가게는 영업을 못 하도록 막아야 하나? 생각만 해도 우울해진다.

　이것은 시작에 불과하다. 부처가 내세운 원칙들은 삶 곳곳에서 지침이 될 수 있듯 일에도 그대로 적용될 수 있다. 팔정도(八正道)는 올바른 생계 외에도 올바른 시각, 올바른 생각, 올바른 말, 올바른 행동, 올바른 노력, 올바른 마음챙김, 올바른 집중으로 이뤄진다. 이 모든 것은 일터에서도 도움이 된다. 특히 마음챙김과 집중에 관해서는 따로 시간을 들여 이야기하고 싶다. 직장에서 일하다 보면 올바른 길에서 벗어날 가능성이 무궁무진하다는 것을 우리는 고된 경험을 통해 알고 있다. 그릇된 행동, 그릇된 말 등으로 동료를 부당하게 대하는 것, 아무 자각 없이 한 가지 일에서 다음 일로 떠돌듯 옮겨가는 것, 거짓말하거나 속이고 도둑질하는 것을 예로 들 수 있겠다. 우리는 이러한 것들에 관해 이야기하고, 피하는 방법도 생각해볼 것이다.

부처는 삶에는 많은 고통이 수반된다고 가르쳤다. 직장생활을 하는 이들은 이 말에 고개를 끄덕일 것이다. 그리고 고통에는 원인과 치료법이 있다는 것도 가르쳤다. 그 치료란 것이 간단하지는 않겠지만, 일단 가능하다는 데 주목해야 한다. 책상에서, 계산대에서, 공장에서뿐만 아니라 산꼭대기에서 일하는 사람에게도 가능하다.

깨달음을 얻기 위해 직장을 그만둘 필요는 없다. 사실 그만두는 것은 아무런 도움이 되지 않을 수도 있다. 부처의 삶은 호화롭게 출발해 무일푼으로 끝났으니 아메리칸드림을 거꾸로 달성한 것과도 같다.* 부처는 행복을 좇던 젊은 시절의 경험이 자신을 혼란스럽게 만들었다는 걸 깨달았다. 지금은 정년퇴직하고 쉰다는 이야기가 좋게 들릴지도 모르지만, 해변이나 골프장, 온천에서 먹고 자는 삶도 그렇게 수월치만은 않을 것이다. 부처는 그쪽이 더 힘들다고 말할지도 모른다.

꼭 불교신자가 될 필요도 없다. 부처는 불교신자라는 말을 사용한 적이 없으며, 오늘날 사람들이 그 말을 쓰는 것을 보고 별로 기뻐하지 않을 수도 있다. 부처는 불교를 믿은 것이 아니

---

* 부처가 두고 떠난 아내와 아들은 결국 승려가 되어 당시 급증하던 비구, 비구니 인구에 합류했다. 결국에는 부처의 하나뿐인 후손도 빈털터리가 된 셈이다.

라, 주의를 기울이고 자신을 돌보고 깨어나는 것의 중요성을 믿었다. 이는 어느 종교를 믿든 누구나 할 수 있는 일이다.

결국 직장에서 행복과 성취감을 주는 요소는 다른 곳에서 우리에게 행복과 성취감을 가져다주는 것과 다르지 않다. 우리가 가치를 느끼는 여느 것과 마찬가지로 여기에는 지름길이 없다. 알약을 먹거나 화려한 동작을 연마해서 얻을 수 있는 게 아니다. 이 책은 부처의 간단한 가르침들이 사무실이나 직장에서의 일상생활에 어떻게 적용되는지 보여줄 것이다. 머지않아 여러분은 일도 잘하면서 깨어 있는 자신을 발견하게 될 것이다.

1장

# 부처가 회사에 온다면?

통찰력

## 일이 깨달음으로 가는 길이다

부처가 깨달음을 얻었을 무렵, 타푸사와 발리카라는 두 무역 상이 이웃 마을을 지나고 있었다. 어떻게 소문이 났는지는 분명하지 않지만 두 상인은 그곳에 사는 친척에게 최근 근처에 사는 성자가 이른바 '완전히 깨달은 사람'이 되었다는 이야기를 들었다. 오늘날보다 유랑하는 신비주의자가 흔했던 고대 인도에서도 이는 큰 사건이었다. 두 사람은 보시할 음식을 가지고 그를 찾아 길을 나섰다. 두 사람이 찾아오자 부처는 무척 당황했다고 한다. 아직 사람들을 가르치지도 않았고 딱히 가르치겠다고 마음먹은 적도 없었기 때문이다. 상인들이 들고 온 보리와 단것을 받을 만한 그릇조차 없었던 부처는 대신 음식을 담을 만한 것을 찾았다. 두 사람은 부처가 내놓은 그릇 대용품을 보고 즉시 개종하여 첫 제자가 되기로 했다. 이후 그들은 자신에게 주어진 길을 갔다.

이렇듯 첫 번째 불교신자는 출장 중이던 두 명의 평범한 사람이었다. (공항에서 시간을 보내거나 숙소에서 오가지도 못하는 상황이 생기면 이 점을 떠올려보길 바란다.) 오랜 세월이 흐른 후에도 부처는 여전히 그들의 이름을 기억하고 있었고, 그동안 가르쳤던 모든 평신도 중에서 두 사람을 제일 먼저 언급했다. 이 점을 잘 생각해보자. 머리를 깎고 선황색 승려복을 입은 수도승이 나오기 이전에 이 두 사람이 있었다. 지극히 평범한 이들은 올바른 삶을 살아가려고 노력하면서도 한편으로는 그 이상의 무언가에 갈증을 느꼈다.

2500년이 지난 지금도 우리가 사는 세상은 직업을 가진 영적 탐구자인 타푸사와 발리카 같은 사람으로 넘쳐난다. 이 책을 읽고 있는 당신도 그중 한 명일 거라 확신한다.

많은 사람들은 애초에 우리가 왜 일해야 하는지 의문을 품는다. 일하지 않아도 된다면 자아를 찾고 깨달음을 얻는 것이 더 수월해지지 않을까? 그러려면 펀드를 잘 고르는 게 관건일 수 있겠다.

이는 갑자기 튀어나온 질문이 아니라는 점을 짚고 넘어가고 싶다. 인간은 오랫동안 일해왔다. 단지 나와 당신에게만 해당하는 문제가 아니라 인류 전체의 문제다. 인류가 사회라고 부를 만한 것을 구성하고 살면서부터 우리는 일을 해야만 했다.

부처는 이 점을 이해하고 받아들였다. 오히려 부처에게 정반대의 질문을 한 사람이 있었다. 한번은 지방의 어느 왕이 부처에게 왜 일을 하지 않느냐고 물었다. 코끼리를 모는 사람부터 직공, 군인, 목욕 시중을 드는 사람까지 왕의 신하와 하인들은 저마다 유용한 가치를 생산했다. 왕은 그들의 노동을 예로 들며 설명했다.

"이들은 자신의 삶을 행복하게 만들고, 나아가 자신의 어머니와 아버지, 아내와 자녀, 친구와 지인까지 기쁘게 합니다."

그에 반해 부처가 몇 시간씩 가만히 앉아 있는 것은 어떤 가치가 있었을까?

부처는 명상과 영적 삶의 결실에 대해 왕에게 설명했다. 이 책에서도 나중에 이를 다룰 것이다. 우선은 부처가 일하는 삶의 결실에 관해 굳이 설명할 필요가 없었다는 점을 짚고 넘어가고 싶다. 그건 말하지 않아도 당연히 아는 사실이다. 대신 부처는 일하지 않아도 되는 이유를 설명해야 했다.

왕과 부처 모두 암묵적으로 동의했듯 일에는 여러 가지 합

당한 이유가 있다. 어떤 사람은 자신의 일이 천직이라 느낀다. 어쩌면 당신은 아주 어렸을 때 의사, 변호사, 소방관, 간호사, 선생님이 되고 싶었을 것이다. 아니면 좀 더 나이를 먹고 그런 열정을 발견했을 수도 있다. 미술, 스포츠, 음악에 대한 열정으로 수입을 창출할 방법을 찾아낸 사람도 있을 것이다. 그런 사람은 자신이 하는 일을 매우 좋아하기 때문에 일하게 된다.

사명감을 가지고 일하는 사람도 있다. 이들은 세상의 문제점을 바로잡아야 할 의무가 있다고 느낀다. 매일 하는 일 자체가 특별히 신나지는 않아도 자신의 일에 신념을 갖고 있으며 진정한 변화를 만들고 있다고 느낄 것이다. 그거면 충분하다.

단순히 생계를 위해 일하는 사람도 있다. 가족을 부양하기 위해서건 자신을 위해서건, 먹고살기 위해 일하는 것은 아무 문제가 되지 않는다. 부잣집에 태어난 몇 안 되는 운 좋은 사람(부처처럼)이나 다른 사람의 너그러움에 의존해 살기를 선택한 사람(이 또한 부처처럼!)은 논외로 하고, 우리는 모두 생활비를 벌어야 한다. 그건 멋진 일이다! 재정적으로 책임감을 느끼고 독립심을 갖는 것은 기분 좋은 일이다.

대부분의 사람에게 일이란 아마도 이 모든 것이 섞인 형태일 것이다. 시간이 지남에 따라 변하는 경우도 많이 있다. 대학을 갓 졸업했을 당시 나는 전통적 의미의 승려가 되어 아시아의 외딴 절에서 살게 될지도 모르겠다고 생각했다. 실제로 태국에 있는 절에서 몇 달을 지냈고, 이후에는 샌프란시스코에 있는 절에서 지냈다. 하지만 그 후 나는 사랑에 빠졌고 결혼했고, 결국 직업이 필요해졌다. 처음 일을 시작했을 땐 생계를 유지하고 가족을 부양하는 것이 목적이었다.

일을 그만둬도 될 만큼 돈을 벌고 다른 형태의 삶을 살게 될 날을 손꼽아 기다렸다. 과장이 아니라 정말로 복잡한 공식을 만들고 계산 프로그램을 돌리며 날짜를 셌다. 그렇게 시간이 흐르고 나서야 나는 내 일을 좋아하고 있다는 걸 깨달았다. 기술 분야에서 일한 지 10년이 지난 어느 날, 나는 다른 것을 하고 싶지 않다는 것을 확신했다. 그때부터는 날짜 세는 것을 그만두고 어떻게 하면 일을 더 잘할 수 있을까에 초점을 맞췄다. 최근 들어서는 내 일이 더 넓은 세상에 변화를 일으킬 수 있는가에 초점을 맞추고 있으며, 다른 사람들이 각자의 일에서 만족감과 성취감을 느끼도록 돕는 데 주력하고 있다.

경영자이자 작가인 마이크 스타이브는 이러한 진화의 과정을 '배우고, 얻고, 돌려주는' 세 단계로 나누어 설명했다. 직업의 첫 번째 단계에서 우리는 기술을 축적하고 지식의 깊이를 늘리는 데 주력한다. 두 번째 단계에서는 초반에 투자한 것으로부터 물질적인 성공을 거두는 데 더 집중한다. 마지막 단계에 이르러서는 이제 막 시작하고 배우려는 사람들을 비롯한 타인에게 자신이 가진 것을 환원하는 데 더 많은 에너지를 쏟을 수 있다.

당신은 스타이브나 나를 모델로 삼지 않아도 된다. 사람은 저마다 다른 동기로 움직인다. 어쩌면 남들과 반대 방향으로 움직이는 사람도 있을 수 있다. 평화봉사단('배우는 것'과 '돌려주는 것'을 동시에 함)에서 일을 시작한 사람은 나중에 자신의 지식을 돈벌이가 되는 방향으로 적용할 수도 있다(이때야 비로소 무언가를 얻게 된다). 어린 나이에 돈을 벌어야 했던 사람 중에는 뒤늦게 학교에 들어가 배우는 즐거움을 누리는 이도 있다.

모든 사람의 진로는 다르다. 일하는 이유에 있어 나쁜 건 없다. 하지만 일하지 않는 것이 더 낫다는 생각을 쉽사리 떨쳐버리지 못하는 사람도 많다.

부처는 일터에서 깨달음을 찾는 것이 어려울 수 있다는 데 동의했다. 많은 이가 '가둬진 느낌'을 받을 수 있으며, 세속적인 책무에 '짓눌린 느낌'을 받을 수 있다고 말했다. 하지만 이것을 편안히 휴식하는 삶의 반대 개념으로 두지 않았다는 것에 주목해야 한다.

부처는 일과 가정생활의 정반대 방향에 모든 소유물과 애착을 포기하는 삶이 있는 것으로 설명했다. 즉, 떠돌이 승려로 사는 쪽이 깨달음을 얻는 데 좀 더 유리하다고 생각했지만, 그 길이 모든 사람에게 가능하지 않다는 것을 이해했다.

한편 부처는 자신의 행복을 좇기 위해 직장을 그만두는 것은 참으로 끔찍한 발상이라고 생각했다. 이른바 '감각적 욕망'을 좇으면 처음에는 기분이 좋을지 모르지만, 길게 봤을 때 그것은 '내 몸에 화살이 관통하는 것'에 더 가깝다. 결국 그러한 삶은 파손된 배에 물이 차오르는 것처럼 훨씬 더 많은 고통으로 가득하게 된다.

많은 사람이 이를 믿기 어려워한다. 우리가 골프나 뜨개질, 요가나 독서를 즐긴다고 가정해보자. 몸뚱이를 질질 끌고 일터로 가는 것보다 온종일 그런 것들을 하는 데서 더 행복을 느끼지 않을까?

아마 그렇지 않을 것이다. 아무리 맛있는 음식이라도 너무 많이 먹으면 질릴 수 있는 것처럼 말이다. 온종일 빈둥거리면 게을러지고, 오히려 초조함을 느낄 수 있다. 이는 진정한 성취감을 느끼는 데 큰 걸림돌이 될 수 있다. 일을 너무 적게 하는 것은 일을 너무 많이 하는 것보다 별반 나을 게 없다. 어쩌면 더 나쁠지도 모른다. 끝없이 쾌락을 좇다 보면 더 산만해질 수 있는데, 이는 진정으로 깨어나는 것과 정반대라고 볼 수 있다. 부처는 '정직한 직업'이야말로 '가장 큰 축복'이라고 말했다. 우리가 하루 24시간 일하기를 원해서가 아니라, 삶에서 무언가를 성취하는 데 일이라는 것을 필수적인 부분으로 보았기 때문이다.

하지만 일만 하고 살 수는 없다. 이어서 부처는 배우는 것, 무언가를 만드는 것, 좋은 사람들과 어울리는 것, 가정을 유지하는 것을 가장 큰 축복이라고 말했다. 가장 크다면서 이렇듯 여러 가지를 나열하다니! 어쨌든 요점은 인생에는 다양한 축복이 있다는 것이며, 정말 중요한 건 그것들을 모두 결합하는 것이다.

삶은 그 요소들의 균형이 맞을 때 가장 좋아진다. 이는 중도(中道)의 가르침이 전하는 핵심 메시지다. 일하는 곳이 집이든 사무실이든, 공장이든 상점이든, 일은 이 균형을 맞추는 데 기여할 수 있다. 이 세상의 모든 일하는 사람에게는 저마다의 이유가 있다. 그게 무엇이든 자신이 일하는 이유는 바로 서 있어야 한다.

## 삶은 스트레스투성이

앞서 살펴본 것처럼 이론적으로는 일한다는 개념에 별 문제가 없어 보이는데, 왜 일은 그토록 힘들까?

부처는 첫 공식 설법에서 '네 가지 고귀한 진실'을 이야기했다. 이 네 가지 모두를 살펴보기에 앞서, 흔히 '인생은 고통이다'로 번역되는 첫 번째 항목에 초점을 맞춰보자.

좀 우울하게 들리지만 부처는 우울함을 느끼라고 그 말을 한 게 아니다. 단지 모든 이가 이따금 느끼는 감정을 입증하려고 했을 뿐이다. 산다는 건 어렵다. 누구도 고통과 상실을 피해 갈 수 없다. 그러나 삶에는 고통만 있는 게 아니다. 기쁘고 행복한 순간도 있다. 끊임없는 고통에 허우적대지 않더라도 우리는 모두 어려움에 직면하는 순간을 맞닥뜨린다. 가장 즐겁고 보람 있는 일조차도 언젠가는 끝난다는 걸 알기에 우리는 늘 상실을 염두에 두고 산다.

일부 학자들은 '고통'이 정확히 부처가 의도한 말인지 의문을 가진다. 물론 부처는 영어로 말하지 않았다. 사실 어떤 언어를 사용했는지도 정확히 알 수 없다. 부처의 가르침은 우리에게 팔리어를 비롯한 몇 개의 고대 인도어로 전해 내려왔는데, 그 언어에서 사용된 단어는 'Dukkha'이다. 이 단어는 '고통' 또는 '아픔'으로 번역된다. 따라서 부처의 첫 번째 진리를 표현하는 가장 일반적인 영어 표현은 'Life is suffering(인생은 고통이다)'이다. 하지만 어떤 사람들은 고통 대신 '스트레스'라는 단어를 사용한다. 즉, 부처의 첫 번째 진리는 '인생은 스트레스투성이다'라고도 해석될 수 있는 것이다.

많은 사람들이 이 해석에 공감할 것이다. 특히 일할 때 더 크게 와닿을 수 있다. 직장생활이 스트레스로 가득하다는 것은 연구 결과를 통해 명확히 알 수 있다. 미국 국립 직업안전위생연구소의 보고서에 따르면, 미국 근로자의 40%는 자신의 직업이 '매우 또는 극도의 스트레스를 준다'라고 대답했다. 워싱턴 보건사업단은 직장인 46%가 번아웃 증후군을 느낄 정도로 심한 스트레스를 받고 있다고 추정했다. 1996년 무렵에는 미국 근로자의 75%가 적어도 일주일에 한 번꼴로 극심한 수준의 직업적 스트레스를 경험하는 것으로 조사되었다. 아마도 그 이후에 상황은 더 나빠졌을 것이다.

미국인만 그런 게 아니다. 최근 유럽에서 이뤄진 연구에서는 27.5%의 근로자가 직장에서 받는 스트레스로 피로도가 늘었다고 한다. 스웨덴에서 일하는 여성의 38%가 자신의 직업을 스트레스 요인으로 인식한다는 조사 결과도 있었다. 우리가 아는 그 스웨덴에서 말이다! 그들조차 여유를 누리지 못한다면 이건 보통 심각한 문제가 아니다.

스트레스는 실질적인 비용에도 영향을 미친다. 1990년대에 직장 스트레스로 인한 총 사회적 비용의 초기 추정치는 GNP의 10%였다. 그 계산대로라면 오늘날 미국에서는 1조 달러 이상이 된다. 업무 스트레스로 발생하는 매출 손실의 직접 비용만 1500억 달러로 추정된다. 전 세계적으로 봤을 때, 국제노동기구는 직장 스트레스 비용을 세계 총 GDP의 1~3.5%로 추정한다.

단지 재정적인 비용만 드는 것이 아니다. 스탠퍼드 대학의 제프리 페퍼 교수는 『월급을 위해 죽다(Dying for a Paycheck)』(2018)에서 직장 스트레스가 간접흡연보다 더 많은 건강 문제를 일으키며, 예방 가능한 질병으로 사망에 이른다고 설명했다. 미국 스트레스연구소는 "화이트칼라 직군은 육체노동직 이상으로 스트레스를 받고 건강에 지장을 받는다. 병원을 찾는 이유의 75~90%가 스트레스와 관련이 있다"고 추정했다.

하지만 일이 우리를 비참하게 만들 필연적인 이유는 없다. 직장에서 행복해질 방법을 찾는다면 모두에게 득이 될 것이다. 지난 20년을 돌이켜보면 행복이 직장에서의 생산성을 높인다는 사실을 알 수 있다. 자원봉사자들을 대상으로 실시한 연구 결과, 재미있는 영상을 보면서 조사에 임한 이들이 직장 업무를 모방한 수학 과제에서 훨씬 좋은 성적을 얻은 것으로 나타났다. 또한 인생에서 안 좋은 사건(가족의 죽음이나 심각한 병 등)이 성과를 약 10% 떨어뜨린다는 결론도 나왔다. 심지어 2년 전에 발생한 사건도 현재에 영향을 미친다고 한다. 즉, 슬플 때는 일을 잘하기가 힘들고, 기분이 좋을 때는 일하기가 훨씬 쉽다.

최근 다수의 연구에서는 행복이 창의력을 향상하고, 긍정적인 태도와 경험은 직원과 조직 모두에게 유익한 결과를 안겨줄 수 있다는 결과가 나왔다. 캐나다의 대규모 종적 연구에서도 유사한 결과를 보였다. 캐나다의 연구자는 "행복한 사람들이 더 생산적이고, 사람들은 행복할 때 더 생산적이었다"고 아주 간단하게 설명했다.

우리는 종종 일적 성공이 행복으로 이끌어줄 거라는 희망을 가슴에 품고서 기분이 좋지 않은 날을 버티고 악덕 상사와 힘든 일을 견뎌낸다. 하지만 거꾸로 생각할 수도 있다. 불만 때문에 생산성이 떨어져 결과적으로 성공에서 멀어진다면?

세 명의 캘리포니아 연구진은 해당 학술 문헌을 철저히 재검토한 뒤 "행복한 사람은 덜 행복한 동료보다 더 높은 수입을 얻고, 더 나은 성과를 보이며, 더 유리한 평가를 받는다"는 결론을 내렸다. 그들은 수십 년에 걸친 횡단면 분석, 종적 연구, 실험 연구를 통해 이러한 결론에 도달했다. 한마디로 이 질문에 대한 답을 얻기 위해 가능한 모든 수단과 방법을 동원한 것이다. 그들이 낸 결론은 분명했다. 행복은 직업적 성공으로 이어진다. 절대로 그 반대가 아니었다.

다시 말해 많은 사람이 직장에서 고통을 겪고 있으며, 이 고통은 우리의 건강과 고용주에게 실질적인 손실을 안긴다. 동시에 행복한 근로자는 단지 행복한 것에서 멈추지 않고 더 생산적으로 바뀌며, 고용주에게 더 큰 가치를 안긴다. 행복은 그 자체로도 보상이지만 직장에서 더 큰 성공을 안겨주기도 한다.

그러면 우리는 어떻게 해야 행복해질 수 있을까? 행복과 함께 딸려오는 모든 혜택을 열어줄 마법의 열쇠 같은 것이 있을까? 그것이 바로 부처가 찾고자 했던 바이다.

## 불교는 스타트업이었다?

부처의 삶에 대해서 조금 이야기했지만, 제대로 짚지 않고 넘어간 중요한 질문이 몇 가지 있다. 부처는 왜 불교를 시작했을까? 그리고 이 특정한 영적 스타트업은 어떻게 그렇게 오래 이어져왔을까?

부처가 언제부터 언제까지 살았는가에 대해서는 약간의 논란이 있다. 부처가 죽은 뒤 수 세기 동안 누구도 그 날짜를 정확히 알아내려 하지 않았고, 부처의 삶에 관한 이야기는 우리가 교차해서 확인할 수 있는 어떤 역사적 사건도 언급하지 않는다. 여러 나라의 불교학자들이 자신이 알고 있는 정보에 기초하여 각기 다른 연대를 추론했는데, 학자에 따라 많게는 100년 이상 차이가 난다. 솔직히 나는 그 논란이 잘 이해되지 않는다. 부처의 죽음과 특정 인도 왕의 통치 기간 사이에 정확히 몇 년이 흘렀는지를 알면 문제를 풀 수 있다. 왜냐하면 그 왕은 달력을 만드는 데에 비교적 능숙했던 고대 그리스인들과 만난 적이 있기 때문이다. 어쨌든 부처가 대략 기원전 500년경에 살았다고 한다면 적어도 말도 안 되는 소리라는 얘기는 듣지 않을 것이다.

실로 오래전 일이다. 지난 2500년 동안 많은 것이 변했다. 불교도 공동체를 뜻하는 승가는 세계에서 가장 긴 시간을 이어온 집단이다. 그 어떤 대학도 정부도 군대도 그렇게 오래 살아남지 못했다. 부처의 승가는 그 어떤 단체보다 오래됐다.

물론 불교를 따르는 승가가 생기기 전에는 부처만 있었다. 정확한 시기는 불분명하지만, 싯다르타가 지금의 네팔 땅에서 왕자로 태어났고 대략 인도의 북동 지역에서 자랐다는 것에는 모두가 동의한다. 싯다르타는 그 시대에서 상상할 수 있는 온갖 사치품(호화로운 음식과 화려한 옷 정도를 생각하면 된다. 닌텐도나 레고는 없었다)에 둘러싸인 채 아름다운 궁전에서 온실 속 화초와도 같은 삶을 살았다. 어머니는 출산 중에 돌아가셨지만, 이모가 왕의 두 번째 부인이 되어 어린 싯다르타를 키웠다. 싯다르타 왕자는 행복한 어린 시절을 보냈고, 결혼을 했고, 아이를 낳았으며, 연꽃이 수놓인 아름다운 연못이 있는 호화로운 곳에서 한적한 삶을 살았다. 그에게는 세 개의 저택이 있었는데, 계절마다 각기 다른 곳에서 지내기 위함이었다. 비가 너무 많이 와서 밖에 나갈 수 없는 넉 달에 걸친 우기에는 동료와 더불어 여자 하인들과 함께 실내에 틀어박혀 시간을 보냈다고 한다(그들이 어떤 사람들일지는 각자의 판단에 맡긴다. 전해지는 바로는 '악사'라고 한다).

스물아홉 번째 생일을 맞은 싯다르타는 방랑하는 금욕주의자가 되기 위해 도망쳤다. 충직한 하인 한 명을 설득해서 몰래 마차를 마을로 빼낸 다음 궁을 빠져나왔다. 그는 이때 처음으로 병들고 노쇠하고 죽어가는 이들을 목격했다. 궁에서의 행복한 삶이 세상의 전부가 아님을 깨달은 싯다르타는 오로지 정신적인 삶을 추구하기로 마음먹었다. 그렇게 6년 동안 인도의 전원 지대를 누비면서 여러 저명한 스승의 지도에 따라 온갖 혹독한 수행을 거쳤다. 금식부터 자학(自虐)까지 호화로웠던 이전 삶과는 정반대의 것들을 시도했다. 하지만 그렇게 사는 것 또한 삶의 커다란 질문에 대한 답을 가져다주지는 않았기에 회의를 느꼈다.

결국 싯다르타는 홀로 앉아 밤새 명상하기로 했고, 바로 그 자리에서 큰 깨달음을 얻고 부처, 즉 깨달은 자라는 칭호를 얻었다. 그날 싯다르타가 무엇을 발견했는지는 다음 장에서 더 이야기할 것이다. 하지만 여기서 중요한 건 부처가 그 시점에 취한 행동이 '멈춤'이라는 데 있다. 비로소 그는 해냈다. 오랜 노력 끝에 위대한 목표를 달성하고, 싯다르타는 깨달은 자가 됐다. 그리고 마침내 끝이 없을 것만 같았던 탐구를 멈출 수 있었다.

부처는 자신의 깨달음을 사람들에게 전하는 것도 생각해봤지만, 그저 깨달은 자로 존재하는 것에 만족하기로 했다. 이는 어떤 의미에서 보면 우리가 새로운 것을 시도하지 않는 것과 같은 이유에서였다. 자신이 실패하리라고 생각한 것이다.

훗날 부처는 이렇게 설명했다.

"새로 찾은 길은 보기도 어렵고 이해하기도 어렵다. 내가 가르친다면 다른 사람들은 나를 이해하지 못할 것이고, 그로 인해 나는 지치고 귀찮음을 느낄 것이다."

다시 말해 새로이 깨우친 진실을 타인에게 가르치는 것은 힘들고 효과도 없을뿐더러 큰 실망을 안길 것 같았다는 이야기다. 깨달음을 얻어 부처가 됐는데도 말이다. 부처는 "그러므로 내 마음은 가르치는 것보다 그러지 않는 쪽으로 기울었다"라고 결론 내렸다. 우리는 부처가 왜 그런 말을 했는지 짐작해볼 수 있을 것이다. 실패를 좋아하는 사람은 없다. 새로운 시도에는 늘 위험 요인이 따른다.

전설에 따르면 부처의 마음을 바꾸려고 신이 개입했다. 창조의 신 브라흐마는 지상으로 내려와 부처에게 지혜를 나눠달라고 간청했다. 모든 사람이 이해하지는 못할 것이라는 점에는 브라흐마도 동의했지만, 분명 이해하는 이도 있을 것이라고 주장했다. 그리고 만약 이해하는 소수가 있다면 더 큰 실패를 무릅쓸 가치가 있지 않겠느냐고 설득했다. 신의 간곡한 부탁에 부처는 마음이 움직였다.

일단 사람들에게 깨달음을 전하기 시작한 부처는 멈출 줄을 몰랐고, 숨을 거둘 때까지 45년 동안 설법했다(마지막 가르침은 임종하는 자리에서 전달되었다). 대부분의 사람이 그렇듯 부처는 자신의 의구심을 극복하기까지 약간의 압박을 주는 존재가 필요했다.

이해할 사람이 있을지 본인도 확신하지 못했는데 부처의 가르침은 어째서 이토록 오래 살아남은 것일까? 여기에는 몇 가지 이유가 있다고 생각한다.

첫째, 부처는 실용적이었다. 그는 우리를 둘러싼 세계를 존재하는 그대로, 우리가 알고 있는 그대로 이야기했다. 또한 누구나 이해할 수 있는 현실의 문제들을 해결하는 데 도움을 주려고 했다. 그리하여 부처는 실용적인 훈련법을 제시했다. 우리는 행복하고 깨어 있는 삶으로 나아가기 위해 그중 여러 방법을 함께 시도해볼 것이다.

누군가가 추상적인 질문을 던졌을 때 부처는 대개 무시했다. 예를 들어 사후 세계의 존재를 믿느냐는 질문에는 대답하기를 거부했다. 그것은 중요하지 않다고 주장하며 부처는 화살 맞은 사람을 비유로 설명했다. 어떤 사람이 화살에 맞았는데 화살을 쏜 사람의 이름과 가족 관계, 키가 큰지 작은지, 어디 출신인지, 어떤 활을 사용했는지 등을 알기 전에는 의사가 그를 치료하지 못하게 한다는 내용이다. 사후 세계에 관한 질문이 흥미로울 수는 있겠지만, 당장은 화살을 빼는 것이 가장 중요하다. 현세에서 고통받는 우리 모두에게 다음 세계가 있는지 없는지는 불필요한 호기심일 뿐이다.

둘째, 부처는 유연했다. 그는 자신의 길을 결정하기 전에 온갖 방법을 시도했으며, 홀로서기를 하기 전에 당대의 스승들과 함께 공부하면서 그들에게서 배울 수 있는 모든 것을 배웠다.

부처는 카스트 제도의 경직성을 거부하며 "좋은 가치와 나쁜 가치는 네 계급 사이에 무차별적으로 흩어져 있으며, 깨달음은 누구나 얻을 수 있다"고 주장했다. 또 자신의 공동체에 부랑자와 불가촉천민을 환영하며 "사람을 천하게 만드는 것은 출생

신분이 아니라 그의 부도덕한 행위이다"라고 말했다. 부처의 길은 누구에게든 어디에든 열려 있었다.

부처는 많은 규칙을 만들었지만(앞서 말한 실용적인 면모가 드러나는 부분이다), 마지막 설법에서는 '작은 규칙' 중 어떤 것이든 제거해도 된다고 미래의 제자들에게 말했고, 어떤 것이 작은 규칙인지를 결정하는 것은 그들의 몫으로 넘겼다. 시대와 장소에 맞게 자신의 가르침을 적용하기를 바라면서 자신이 틀린 부분은 받아들이려고 했던 것으로 보인다(일례로 처음에는 비구니를 인정하지 않았지만, 결국 수양어머니의 말을 받아들였다). 부처는 새로운 경험에 열려 있었고, 평생 명상하며 자신이 가르친 것을 몸소 실천했다.

셋째, 부처는 긍정적이었다. 훌륭한 기업가가 대개 그렇듯 부처는 자신을 믿었다. 자신이 고난을 넘어 길을 찾을 수 있음을 믿은 것이다. 처음에는 사람들을 가르치는 것을 망설였지만, 발뺌하려 했다거나 우유부단했다고 느껴지진 않는다. 또한 부처는 사람들을 믿었다. 숨을 거두기 직전에는 제자들에게 "자신을 섬으로, 피난처로 삼아라"라고 말했다. '너 자신을 믿어라.' 이 말은 많은 이들이 듣고 싶어 하고 필요로 하는 메시지다.

실용성, 유연함, 긍정성이 반드시 성공을 보장하는 것은 아니다. 이런 장점을 가진 사람은 많다. 아마 부처가 살았던 2500년 전에도 그랬을 것이다. 하지만 그 시기에 불교만큼 성공적인 무언가를 시작한 사람은 좀처럼 없다.

스타트업의 생리가 그렇듯 불교가 성공한 궁극적인 이유는 품질에 있었다. 무엇보다 부처가 찾아낸 상품에 그 요인이 있었다. 부처는 고통이라는 문제를 보았고, 그에 맞는 해결책을 찾아냈다. 그리고 그 해결책은 효과가 있었다. 기적처럼 알아서 팔려나가는 제품이 출현하자, 그 뒤로는 모든 게 순조로웠다.

## 고통을 선택하라

큰 깨우침을 얻은 부처는 이후 45년 동안 깨달음을 전파했다. 강의 내용은 운동과 수면에서부터 먹는 것, 정신 집중에 이르기까지 다양한 것을 다루었다. 아마 우리가 상상할 수 있는 거의 모든 주제에 대해 부처는 적어도 몇 마디 정도는 할 말이 있었을 것이다. 그러나 모든 이의 삶에 핵심이 되는 한 가지, 즉 '깨우치는 것은 가능한 일이다'라는 것을 알아내지 못했다면 부처의 말에는 무게가 실리지 않았을 것이다.

부처가 생각했을 때 우리 중 대부분은 반쯤 잠든 채 인생을 살아간다. 우리는 마지못해 무언가를 한다. 때때로 즐거움을 느끼기도 하지만, 사실은 그곳에 존재하지 않을 때가 있다. 진정으로 집중하고 있지 않은 것이다. 이것은 비극이다! 우리는 삶의 절반만 살며 나머지는 흘려보내고 있다.

이런 현상은 직장에서 제일 뚜렷하게 나타난다. 우리는 책상에 앉아서 몽상에 빠져 있다. 회의를 하면서 끝나는 시간만 기다리고 있다. 지금 하는 일에 초점을 맞추기보다 다음 할 일에 대해 끊임없이 계획을 세운다. 하지만 꼭 그렇게 살지 않아도 된다는 것이 바로 부처의 생각이다. 우리는 지금 당장이라도 깨어나 꽉 찬 인생을 살 수 있다. 직장에서도 예외는 아니다.

부처라는 이름은 '깨달은 자'를 의미한다. 우리가 지금 '불교'라는 명칭을 쓰는 이유는 과거에 누군가가 깨달음을 얻은 사례가 있었기 때문이다. 불교에서는 깨달음을 얻은 부처, 부처의 가르침을 뜻하는 다르마, 부처를 따르는 자들의 공동체를 뜻하는 승가를 일컬어 불교의 '세 가지 보물'이라고 부른다. 최초의 깨달음이 없었다면 나머지는 없었을 것이다.

부처의 가르침에 대해 설명하기에 앞서 한때 인도의 왕자였던 그가 2500년 전에 어떤 행동을 하고 무슨 말을 했는지에 대해 더 이야기하고 싶다. 이 책에 나오는 부처의 말은 글로 남은 그의 가르침을 인용한 것이다. 당연한 이야기지만 부처의 강연은 녹음된 적이 없고, 부처가 직접 글로 쓴 적도 없다. 심지어 부처가 쓰고 읽을 줄 알았는가에 대해서도 명확하게 밝혀진 바는 없다. 그 당시 전문 직업으로 여겼던 글쓰기는 싯다르타와 같은 왕족에게 필수적인 교육이 아니었다. 불교 경전에 부처가 글을 읽었다거나 썼다는 기록은 보이지 않는다.

부처가 세상을 떠나고 몇 달 뒤, 완전한 깨달음을 얻은 신도 500명이 지역 왕의 초대로 모였다. 부처의 가르침에 대해 의논하고 승가에서 통용되는 합의점을 찾기 위해서였다. 그들은 교대로 한 명씩 부처의 강의를 시연하며 암송했다. 그 내용이 몇 세대에 걸쳐 구전으로 전해지면서 서서히 불교가 퍼져나갔다. 인간은 이런 종류의 암기를 놀라울 정도로 잘한다(나는 초등학교 때 미국 헌법의 서문을 외운 이후 30년 동안 열두 번 정도밖에 암송해보지 않았지만, 지금도 줄줄이 암송할 수 있다). 이 비구와 비구니들은 특별한 훈련을 받았고 아마도 그 내용을 정확하게 기억하기 위해 틈틈이 암송했을 것이다. 부처가 세상을 떠나고 나서 약 100년, 200년 뒤에도 이와 같은 '결집'이 있었는데, 이는 가르침에 대한 합의점을 확실히 하고 불일치를 해결하기 위해서였다. 그렇지만 그 과정에서 조금씩 오차가 생겼다.

글로 기록하는 문화가 생겼을 무렵에는 부처를 따르는 모든 추종자가 직접 한자리에 모이기에는 부처의 가르침이 너무 멀리 퍼져 있었다. 네 번째 결집은 서기 100년쯤에 스리랑카에서 열렸는데, 이곳에서 부처의 말이 고대 인도어인 팔리어로 옮겨져 종려잎에 기록됐다. 부처는 팔리어를 구사하지 않았지만 아마도 이와 밀접한 관계가 있는 언어를 사용했을 것이다. 그러니 이 버전의 불경도 어디까지나 번역본인 것이다. 그리고 이미 짐작했겠지만, 종려잎은 그다지 내구성이 좋지 않아서 그 문서들은 남아 있지 않다. 즉, 우리가 지금 확인할 수 있는 것들은 수없이 반복해서 복사된 결과물인 것이다. 우리가 접할 수 있는 가장 오래된 복사본은 그로부터 적어도 1000년 후에 기록되었다.

그 무렵에는 아시아의 다른 곳에서도 부처의 가르침이 글로 기록되기 시작했는데, 주로 다른 종류의 고대 인도어가 사용됐다. 이후에 이 버전들은 중국과 티베트로 옮겨졌고, 그곳에서 저마다의 언어로 번역되었다. 인도 곳곳에서 발견된 필사본 조각과 석조 조각을 살펴보면 초기 번역본이 많이 분실됐음을 알 수 있다.* 동일한 강의를 토대로 한 것 중에 두세 가지 다른 언어로 기록된 버전을 비교하여 본래 내용이 무엇이었는지를 파악할 수도 있다.

---

* 지금까지 발견된 가장 오래된 불교 경전은 불과 25년 전에 파키스탄에서 발견된 것으로, 자작나무 껍질에 쓰여 진흙 항아리에 묻혀 있었다. 앞으로 무엇을 더 발견하게 될지는 아무도 모른다. 그러니 오래된 항아리를 버릴 땐 각별히 주의하기 바란다.

다시 말해, 내가 이 책에 인용한 부처의 말은 누군가 부처의 가르침을 암기한 내용을 부처 사후 수 세기 후에 최초로 글로 옮긴 뒤, 번역에 번역을 거듭한 사본을 출처로 한다. 우리가 접할 수 있는 건 딱 그 정도 선이다.

하지만 그렇게 남아 있는 글에 따르면 부처는 '깨달음'을 얻는 것을 목표로 삼지는 않았다고 한다. 방황하는 왕자 시절에 싯다르타가 진정으로 원했던 것은 고통을 이해하는 것이었다. 궁 밖으로 몰래 빠져나가 처음으로 늙고 병들어 죽어가는 이들을 목격했을 때부터 싯다르타는 고통과 상실을 피할 수 없다는 것을 알면서도 우리가 어떻게 살아갈 수 있는지를 끊임없이 질문했다. 어떻게 하면 고통으로 가득 찬 세상에서 제정신을 유지한 채 살아갈 수 있을까?

싯다르타의 부모는 아들에게 쉬운 답을 제시했다는 점을 기억하자. 아마 우리 모두 한 번쯤은 시도해봤을 방법, 바로 부정하는 것이다. 그들에게 고통을 극복하는 가장 간단한 방법은 어떤 대가를 치르더라도 고통을 피하는 것이었다. 그래서 아들을 극진히 아끼고 온실 속에 살게 한 것이다. 아들의 삶이 편안함과 즐거움으로 채워진다면 결코 고통받을 이유가 없다는 생각에서였다.

당연히 효과는 없었다. 아마 우리에게도 효과가 없었을 것이다. 피한다고 문제가 사라지는 것은 아니다. 이따금 자신에게 포상을 내리는 건 아무 문제 없지만, 물건을 사거나 마사지를 받아서 얻은 치유 효과는 대개 오래가지 않는다.

부처는 부정하는 것과 회피하는 것이 왜 효과가 없는지 알아냈다. 재미를 좇는 것의 문제는 그 재미가 절대 지속적이지 않다는 데 있다. 유한성을 깨닫는 순간 더 이상 재미를 느끼지 못하게 되는 것이다.

반대로 자신을 고통으로 둘러싸는 것 또한 효과가 없다. 부처는 출가 후 6년 동안 그 방법을 시도했다. 극단적인 수행으로 죽을 뻔한 적도 있었지만 자해를 통해 얻은 것은 더 큰 비참함이었다. 고통 속에서 뒹군다고 고통을 덜 느끼는 것은 아니다.

이것은 싯다르타가 깨달은 큰 진리였고, 부처가 될 수 있었던 결정적인 생각이었다. 고통을 극복하는 유일한 방법은 양극단 사이에서 중간을 찾는 것이다. 고통에서 도망치거나 고통을 향해 달려가는 대신 고통을 받아들이는 것이다. 그리고 삶이 어느 정도의 고통과 불쾌함을 수반한다는 것을 받아들임으로써 고통이 주는 영향력을 줄인다. 즉, 가장 중요한 건 균형이다.

어떻게 균형이 고통을 이길 수 있을까? 첫 번째 강연에서 부처는 중도를 발표한 뒤, 네 가지 거룩한 진리(사성제[四聖諦])를 설명했다. 다시 말하지만 그 당시 부처가 어떻게 묘사했는지 정확하게 알 수는 없다. 다만 우리가 접할 수 있는 번역본의 내용은 대략 다음과 같다.

> 인생은 고통이다.
> 고통의 원인은 욕망이다.
> 고통을 없애는 방법은 욕망을 없애는 것이다.
> 욕망을 없애는 방법은 여덟 가지 길을 통하는 것이다.

마지막 부분에 나오는 여덟 가지 길(팔정도)에 관해서는 뒤에 더 자세히 이야기하도록 하고, 우선은 처음 세 가지에 초점을 맞춰 이야기하겠다.

이 세 가지 진리에 대해서는 다음과 같은 방향으로 접근해볼 수 있다. '우리는 변화를 원하기 때문에 고통받는다.' 사실 고통은 상처에서 느끼는 아픔이나 불운이 아닌 불만, 즉 무언가를 원하고 갈망하는 것에서 비롯된다. 우리는 나쁜 일이 일어나서 고통받는 게 아니라, 원하는 것을 얻지 못해서 고통받는다.

그렇다고 상처를 입는 것이 좋거나 유쾌하다는 말은 아니다. 하지만 이 불쾌함이 고통의 원인은 아니다. 그것에 저항하는 것이 고통의 원인이다. 부처는 상처를 입어 아픔을 느끼는 것은 피할 방법이 없지만, 그와 달리 고통은 극복할 수 있다고 했다.

이는 '고통은 선택하는 것이다'로 요약되기도 한다. 나는 이게 참 좋은 해석이라고 생각한다. 고통스러운 일이 일어날 때 우리는 즉각적인 통증을 느낄 뿐 아니라 그 통증에 의한 감정도 느낀다. 통증 때문에 화가 나기도 하고, 좌절하거나 분개하기도 한다. 심지어 복수심을 느낄 때도 있다. 그러면 우리는 육체적으로 그리고 정신적으로 두 개의 불쾌한 감정을 갖게 된다. 부처는 이를 두 개의 화살에 맞는 것에 비유했다.[*] 첫 번째 화살은 피할 수 없으며, 원하든 원하지 않든 통증이 따른다. 하지만 두 번째 화살은 스스로 선택한 것이다. 원한다면 몸을 숙여 피할 수 있다. 비록 아파서 괴로워할지라도 그 아픔에 관한 부차적인 고통을 받을 필요는 없다. 균형 잡힌 삶을 살면, 즉 아픔에 맞서 싸우지도, 아픔을 끌어안지도 않는다면 우리는 이 두 번째 화살을 피할 수 있다.

이 모든 것은 직장에서도 적용된다. 아무리 노력해도 직장에서는 항상 방해 요소가 생긴다. 어쩌면 그 때문에 새로운 일자리나 승진 기회를 놓칠지도 모른다. 까다로운 동료나 상사, 고객을 상대해야 할 수도 있다. 또한 마감 시간에 쫓길 수도 있

---

[*] 또 한 차례 화살의 비유가 나왔다(첫 번째 비유는 앞 장 참조). 부처가 살던 시대에는 화살에 맞아 죽는 게 꽤 흔했다고 생각하면 될 것 같다.

고 야근에 시달릴 수도 있다. 이러한 어려움을 찾아 나설 필요는 없지만 그렇다고 완전히 피할 수 있는 것도 아니다.

이런 문제에 부딪혔을 때, 행복해야 한다는 것이 아니라 단지 그런 문제가 일어난 것을 받아들이고 나아가야 한다고 부처는 가르친다. 깨우침의 열쇠는 문제를 피하거나 외면하는 것이 아니다. 거부하거나 꿈속에 사는 것은 정답이 아니다.

모든 것은 말하기는 쉽지만 행하기는 어렵다. 하지만 부처는 이 길을 걷는 데 도움을 줄 중요한 기술을 발견했다. 다음은 이에 관해 이야기하겠다.

2장

부처가 있는 사무실을 엿보다

수행법

## 주의를 기울이면

직장에서 할 수 있는 가장 중요한 한 가지는 부처가 인생에서 해야 할 가장 중요한 일이라고 언급한 것과 같다. 바로 집중하는 것, 즉 마음챙김(mindfulness)을 수련하는 것이다.

최근 마음챙김에 대해 많이 들어봤을 것이다. 학교와 회사에서도 마음챙김을 가르친다. 미국 국립의학도서관에서 제목에 '마음챙김'이 들어간 과학 출판물을 검색하면 3000개 이상 나열된다. 가장 오래된 것은 1982년에 출판되었고, 지난 10년 사이에 출판된 것만 2963권에 달한다.

마음챙김, 명상, 불교를 모두 동의어로 느끼는 사람도 꽤 있을 것이다. 충분히 그럴 수 있다. 부처는 밤새 명상을 하고 큰 깨우침을 얻었다. 그리고 아마 여러분은 마음챙김과 명상 사이에 연결고리가 있다고 느낄 것이다. 하지만 이 셋은 같지 않다. 그 차이를 이해하는 것은 애당초 왜 마음챙김이 일과 삶에 그토록 중요한지를 이해하는 데 필수적이다.

마음챙김은 처음부터 부처의 가르침 가운데 일부였으며, 사슴 공원 설교라고 불리는 첫 번째 강연에서 언급되었다. 사슴 공원 설교라고 부르는 이유는 그 장소가 사슴이 많은 숲속의 빈터였기 때문이다. 어쩌면 마음챙김이 무슨 뜻인지 바로 와닿지 않을 수 있다. 이 설법은 '중도'를 설명하는 것으로 시작하는데, 이는 이전에 싯다르타가 행해왔던 두 가지 극단을 피하는 것을 일컫는 말이다. 앞서 말했듯 35세까지 부처의 삶은 일종의 진자와도 같았다. 싯다르타는 29년 동안 왕자로 살면서 그랬던 것처럼 고통으로부터 숨거나 이후 6년 동안 금욕주의자로서 고통에 뒹구는 것으로는 깨달음에 다가갈 수 없었다. 깨달음의 열쇠는 그 중간에 있는 길을 걷는 것이었다. 고통을 피하거나 끌어안는 것이 아니라, 받아들이고 다루고 다음 단계로 나아가는 것으로 생각하면 되겠다.

부처는 첫 번째 설교에서 중도에 이르는 여덟 개의 길을 설명했다. 즉, 우리는 바르게 보고, 바르게 생각하고, 바르게 말하고, 바르게 행동하고, 바르게 생활하고, 바르게 정진하고, 바르게 깨어 있고, 바르게 집중하기 위해 노력해야 한다. 부처는 이 여덟 가지를 열거하는 것에서 더 세세하게 설명하지는 않았다. 이것만 놓고 보면 마음챙김을 다른 것만큼 중요하게 여겼다고 보기는 어렵다.

그다음으로 부처는 오늘날 우리가 '네 가지 고귀한 진실'이라고 부르는 사성제를 제시했다. 사성제에 따르면 고통은 늘 존재하고 피할 수 없지만 우리의 끝없는 분투에서 비롯된다. 그리고 고통을 받아들이고 궁극적으로 극복하는 방법은 앞서 이야기한 여덟 개의 길에 있다.

첫 번째 강연 내용은 여기까지다. 이 설법을 들은 고행자는 한 명도 빠짐없이 깨우침을 경험했다. 마음챙김은 두 번 언급되는데, 여덟 가지 중요한 수행의 마지막 부분에서야 나온다. 이때 명상이란 말은 명쾌하게 언급되지 않는다. 이 첫 번째 설교를 어디선가 들어봤다면 고통을 극복하는 것에 관한 내용임을 알고 있었을 것이다. 하지만 마음챙김과 명상의 중요성은 미처 몰랐을 수 있다.

부처는 이처럼 처음 언급한 화두에 대해 이후에 자세히 설명했고, 그 결과 마음챙김은 보다 중심적인 위치를 차지하게 됐다. 부처는 마음챙김을 주제로 여러 차례 설법했는데, 마음챙김으로 다진 토대야말로 '진리에 이르는 직접적인 길'과 '열반의 실현'이라고 선언했다.

올바른 말이나 행동보다 올바른 마음챙김이 더 중요한 이유는 뭘까? 잠시 불교의 맥락을 벗어나 생각해보면, 무엇이 더 중요한지 확실하지 않다고 느낄지도 모른다. 마음챙김이란 마음의 상태를 살피는 것 아닌가? 우리의 행동은 확실히 생각보다 더 많은 고통을 야기한다. 의도적이든 아니든 누구나 자신 또는 타인에게 말과 행동으로 고통을 안긴 경험이 있을 것이다. 하지만 마음이 정말로 고통을 불러올 수 있을까?

답은 '그렇다'이다. 우리는 늘 마음으로 고통받는다.

마음챙김이라는 게 무엇을 의미하는지부터 짚어보자. 현대의 한 불교학자는 마음챙김을 '연속되는 지각의 순간들 속에서 우리에게 일어나는 현상에 대한 명확하고 집중된 자각'이라고 설명한다. 보다 심리학적인 측면에서 정의를 내린다면 '현재 일어나는 일에 주의를 기울이고 인지하는 상태'라고 할 수 있다. 이 장을 시작하면서 말했듯이 가장 간단하게 설명하면, 마음챙김은 '주의를 기울이는 것'을 의미한다.

주의를 기울이는 것이야말로 팔정도에서 나머지 일곱 가지 길의 핵심이다. 말하는 방식에 주의를 기울이지 않고는 올바른 말을 할 수 없고, 지금 하는 일에 주의를 기울이지 않고는 올바른 행동을 할 수 없다. 마음챙김 없이는 오도 가도 못 하게 된다. 그것은 마치 잠든 채로 부처의 길을 따라가려 하는 것과 같다.

이것이 바로 마음챙김과 불교가 연결되는 지점이다. 불교는 전통적으로 다르마라고 불리는 부처의 가르침을 뜻하는 현대 용어다. 다시 말해 불교는 부처가 깨우침을 얻은 길을 알려주는 표현법이다. 그 길을 따라가는 것을 가능하게 해주는 것이 바로 마음챙김이다.

어쩌면 처음 설교를 시작했을 때의 부처는 마음챙김을 으뜸으로 생각하지 않았을 수도 있다. 아니면 너무 당연해서 설명할 필요를 못 느꼈을지도 모른다. 오늘날 불교 수행에서 마음챙김에 초점을 맞추는 이유는 그것이 부처의 길을 열어주는 열쇠이기 때문이다.

직장에서도 마음챙김은 필수적이다. 당신은 종종 자신이 직업적으로 하고 있는 일은 아무 생각 없이도 할 수 있는 거라고 생각할지도 모르겠다. 하지만 정말로 그렇다면 당신은 그 일을 하고 있지 않으리라 장담한다. 오늘날 자동화가 가능한 것은 실제로 거의 모두 자동화되었다. 지금 당신이 일을 하고 있다면, 주의를 기울여서 그 일을 해주길 누군가가 원했기 때문이다.

이를 뒷받침해주는 연구가 있다. 그 연구에 따르면 마음챙김은 식당 종업원, 감독직 및 중간관리직, 간호사, 심리치료사, 원자력발전소 기사를 포함한 광범위한 산업과 직업 전반에 걸쳐 업무 성과를 향상시킨다. 스트레스를 많이 받는 중환자실 간호사를 대상으로 한 실험을 살펴보면, 간호사들은 8주에 걸쳐 일주일에 1시간씩 명상 수업에 참여했는데 몰입도와 회복력이 크게 향상된 것으로 나타났다. 중환자실처럼 근무자의 행동이 냉혹한 결과로 이어질 수 있는 근무 환경에서는 마음챙김이 개인의 삶을 개선할 뿐만 아니라, 그들이 일을 통해 접하는 다른 이들의 삶도 개선될 수 있다고 한다. 미국 육군에서 진행한 연구에서 역시 마음챙김 훈련을 통해 스트레스가 많은 상황에서 초래될 수 있는 기능적 장애를 방지할 수 있다는 결과가 나왔다. (부처가 군인들에게 마음챙김을 가르치는 것에 찬성할지 의문을 품는 독자가 있을지 몰라서 덧붙이자면, 이 연구의 저자들은 도덕적 혼란을 겪고 감정적 어려움에 맞닥뜨릴 수 있는 반란 진압 활동과 같은 상황에서 마음챙김 훈련은 군인들에게 윤리적이면서도 효과적으로 행동할 수 있도록 인지력을 길러줄 수 있다고 주장한다.)

그러나 마음챙김은 외상 전문 간호사와 군인만을 위한 것이 아니다. 그보다 전형적인 형태의 직장에서도 마음챙김은 창의력, 혁신성, 회복력, 업무 몰입도, 생산성, 소통 기술을 향상시키고 갈등, 결근율, 이직률을 감소시키는 것으로 나타났다. 의료보험 회사인 애트나에서 근무하는 238명을 대상으로 조사한 결과, 마음챙김이 생산성을 향상하고 직원이 받는 스트레스를 낮춘다고 밝혀졌다. 또 타깃, 제너럴 밀스, 인텔처럼 다양한 분야의 기업에서 직원에게 마음챙김 프로그램을 제공하고 있으며, 긍정적인 효과가 있었다고 한다.

마음챙김이 그토록 대단한 거라면 과연 어디에서 접할 수 있을까? 사무실에서 마음챙김을 가르치는 구글 같은 회사에 다니지 않아도 충분히 배울 수 있다. 일하는 데 가장 중요한 마음챙김을 집에서 할 수 있는 방법은 없을까?

## 시작은 호흡부터

　마음챙김은 어렵다. 세상은 집중을 방해하는 것으로 가득 차 있기 때문이다. 이 책을 집어 든 이후 당신은 과연 몇 번이나 핸드폰을 들여다봤을까? 이 장을 다 읽기 전에 문자메시지를 몇 통이나 주고받게 될까?

　우리를 산만하게 하는 것은 핸드폰과 TV 외에도 많다. 마음챙김은 2500년 전에도 어려웠다. 그 당시에도 부처는 사람들이 주의를 산만하게 하는 것들(부처는 '애착을 느끼는 것'이라는 표현을 썼다)에 사로잡힌 나머지 자신의 가르침을 이해하지 못할 거라고 걱정했다. 또 "이러한 세대는 진실을 보기 어렵다"

며 한탄했다. 아마도 그 후 모든 세대의 스승들이 이 말을 되풀이했을 것이다. 부처를 걱정시킨 그 세대는 핸드폰, 컴퓨터, 텔레비전, 라디오는 고사하고 종이가 나오기도 전에 살았다. 그런데도 마음챙김은 극복할 수 없는 과제처럼 느껴졌다.

그렇다면 어떻게 마음챙김을 해야 할까? 그것이 얼마나 중요한지는 이제 알겠는데, 대체 어디에서 어떻게 해야 한단 말인가? 우리는 주의를 분산시키는 것들을 어떻게 이겨내야 할까? 부처에겐 아주 간단한 해답이 있었으니, 그것은 바로 명상이다. 우리는 명상을 통해 마음챙김을 수행할 수 있다.

여기서 수행이란 말 그대로 수행하는 것을 뜻한다. 손가락 움직이기 훈련을 통해 피아노를 연습하는 것과 같은 맥락이다. 어렸을 때 피아노를 배워본 적이 있거나 최근에 어린아이가 연습하는 것을 본 적이 있다면, 실제로 피아노를 연주하는 것은 단순히 연습하는 것과는 다르다는 걸 알 것이다. 연습할 때엔 같은 구간을 여러 번 반복해서 치기도 한다. 또 연습을 통해 손의 근육 기억을 발달시키고, 음표를 읽는 법을 훈련한다. 이 과정은 실제로 연주하는 것과는 매우 다르다.

운전할 때도 마찬가지다. 텅 빈 주차 공간에서 연습하거나 차가 다니지 않는 거리에서 원뿔 두 개를 세워놓고 평행 주차를 연습하는 것과 비슷하다. 도로 주행을 해보기 전까지는 진짜 운전해봤다고 말하기 힘들다.

그런 맥락에서 방석에 앉아 명상하는 것만으로는 깨달음을 얻을 수 없음을 짚고 넘어가고 싶다. 깨달음을 얻는 것은 현실에서 일어난다. 깨달음이란 방석에서 일어나 삶을 어떻게 살아가는지와 관련이 있다. 우리는 그때를 대비해 명상한다.

부처는 명상하는 방법에 대해 매우 상세하게 설명했다. 다양한 기술을 소개하는 데 강연을 통째로 할애하기도 했다. 이와 관련하여 현대의 스승들은 개별 강연에 관한 책을 쓰기도 했다. 불교의 여러 학파는 수 세기에 걸쳐 조금씩 다르게 발전해왔지만, 대부분은 다음과 같은 몇 가지 기본적인 지침에서 출발한다. 조용한 장소를 찾아, 꼿꼿한 자세로 앉아서, 호흡에 집중하라.

부처는 숲속, 나무 아래, 빈 오두막집 등 명상을 시도하기 좋은 조용한 장소를 몇 군데 제안했다. 현대에는 조용한 공간이면 어디든 좋다. 선종의 전통을 따르는 명상가들은 벽을 보고 앉는다. 목표는 주의를 분산시키는 요소를 최소화하는 것이다. 처음 운전을 시작할 때 텅 빈 주차 공간에서 운전 연습을 하듯 처음에는 최대한 부담이 안 가는 선에서 시작하길 권한다.

가장 전통적인 자세는 연꽃 자세다. 각 발이 반대쪽 허벅지에 놓이도록 두 다리를 교차해서 앉는다. 이 자세를 취할 수 있다면 칭찬해주고 싶다(아마 요가를 했을 거라고 짐작한다. 그것 또한 칭찬해주고 싶다). 연꽃 자세가 잘 안 된다면 한쪽 발을 허벅지에 얹어놓고 다른 쪽 발을 그 밑에 당겨 넣는 반 연꽃 자세를 시도해볼 수 있다. 이 또한 너무 무리라면 정면에 두 다리를 교차해서 바닥에 두는 책상다리를 추천한다. 세 자세 모두 방석이나 작은 베개가 있으면 더 쉽게 할 수 있다.

무릎을 꿇거나 의자에 앉아도 된다. 몸이 온전히 지지받는 느낌이 들도록 척추를 곧게 펴고 앉는 것이 중요하다. 정수리를 천장 쪽으로 당기고, 척추를 부드럽게 뻗었다가 힘을 푸는 모습을 상상하는 것도 좋은 방법이다. 각 척추뼈가 편안하게 하나씩 쌓여 있다고 생각하면 된다. 올바르게 하고 있다면 아주 적은 노력으로도 자세를 똑바로 유지할 수 있을 것이다.

이제 명상을 시작할 준비가 됐다. 타이머를 설정해보자. 타이머는 정말 중요하다! 언제 끝나는지 확인하려고 계속 시계를 봐야 한다면 명상이 어려워진다. 핸드폰의 타이머 기능이나 부엌에서 사용하는 타이머를 이용해도 좋고, 전용 앱을 이용해도 좋다.* 어떤 것을 선택하든 처음에는 5분부터 시작하는 게 적당하겠다.

---

* 이런 앱이 정말로 많다! 내가 제일 좋아하는 건 'Insight Timer'라는 앱이다. 무료인데 성능도 아주 좋다. (insighttimer.com)

심호흡을 세 번 하자. 숨을 들이마실 때마다 숨을 들이마시고 있다는 것을 인지한다. 마찬가지로 숨을 내쉴 때마다 내쉬고 있다는 것을 인지한다. 세 번 심호흡한 뒤 편안하게 숨을 쉰다. 이때 계속해서 호흡을 자각해야 한다. 긴 숨과 짧은 숨이 있다는 걸 인지하고, 한 호흡 한 호흡 주의를 기울이려고 노력한다.

이와 관련하여 부처가 권한 방법은 호흡할 때마다 자신에게 말을 하는 것이다. 숨을 들이마시면서(자신에게 조용히) "들이마시고" 내쉬면서는 "내쉬고"라고 말하면 된다. 긴 숨을 마실 때는 "길게 마시고" 짧은 숨을 마실 땐 "짧게 마시고"라고 말한다. 이렇게 하면 정신이 방황하는 것을 막고 인지하는 데만 집중할 수 있다.

단지 정신적인 인지만을 말하는 것이 아니다. 여기에는 신체적인 인지 또한 포함된다. 숨 쉬는 것을 느낄 수 있어야 한다. 호흡이 어떻게 몸으로 들어갔다가 어떻게 몸에서 나오는지 알아야 한다. 숨이 입과 코를 어떻게 지나가는지 느껴야 한다. 가슴이 올라갔다 내려가는 것을 느껴야 한다.

겉으로 보기엔 지극히 육체적인 활동인 달리기, 테니스, 골프에 관해 이야기하면서 정신적인 측면의 중요성을 강조하는 경우를 자주 볼 수 있다. 하지만 그 반대의 경우도 성립된다. 명상을 순수하게 정신적인 운동 혹은 마음을 진정시키는 방법으로 생각하는 경향이 있지만, 명상은 육체적인 활동이기도 하다. 명상은 단순히 사고하는 방법 같은 것이 아니라, 마음과 함께 몸으로도 하는 '행위'라고 봐야 한다.

호흡부터 시작하는 이유는 뭘까? 호흡은 우리 존재의 기본 박자를 정해주는 생물학적 메트로놈 정도로 생각할 수 있다. 심장박동이 이 기능을 맡고 있다고 생각할 수 있겠지만 대부분은 자신의 심장박동에 대해 잘 알지 못한다. 하지만 호흡은 다른 신체 기능과는 사뭇 다르게 와닿는다. 호흡은 늘 우리가 존재를 인식할 수 있고 동시에 온전히 알 수 있는 명당자리에 놓여 있는 것 같다.

이 과정이 아주 쉽게 보인다면, 그건 아직 제대로 시도해보지 않았기 때문일 것이다. 명상을 처음에는 대부분 어려워한다. 마음은 여기저기 배회한다. 직장에서 일어났던 성가신 일이나 나중에 해야 할 심부름, 대학생 때 사귀었던 옛 애인이나 온라인으로 만난 새로운 인연 등 온갖 생각이 떠오른다. 분명 핸드폰 진동이 울린 것 같은데…… 누구에게 문자가 왔을지 궁금하다. 그러다 어느 순간 돌이켜보면 숨 쉬는 것을 인지하지 못하고 있음을 깨닫는다. 얼마나 더 앉아 있어야 하는 건지 타이머를 확인하고 싶은 마음이 굴뚝같다.

그래도 괜찮다. 마음이 방황하고 있다는 것을 깨달았다면 그저 다시 호흡으로 돌아가면 된다. 이런 일이 한 번 일어나든 백 번 일어나든 상관없다. 자책하지 말자. 그냥 한 번 더 숨을 쉬어보자.

일단 이런 식으로 호흡을 관찰하는 게 편해지면, 부처는 온몸으로 마음챙김 하기를 권장한다. 앉아 있을 때는 온몸이 앉아 있다는 것을 인식해야 한다. 신체의 각 지점이 바닥에 닿아 있음을 느껴야 한다. 다리가 포개어 있는 것을 느껴야 한다. 손이 무릎 위에 놓여 있음을 느껴야 한다. 피부에 공기가 닿는 것을 인지하고, 공기가 따뜻한지 차가운지, 정적인지 동적인지를 느껴야 한다. 모든 신체 부위를 자각하는 범위 안에 포함해야 한다.

이러한 마음챙김 명상의 효과는 어느 정도일까? 부처는 그 효과가 꽤 강력하다고 생각했다! 한 경전에서 부처는 마음챙김 명상 훈련을 7년 동안만 하면 누구든 열반에 이를 수 있다고 했다. 정말 좋지 아니한가? 생각해보자. 7년이란 시간이 길게 들릴지도 모른다. 하지만 초중고등학교에서 12년을 보내는 동안 무엇을 얼마나 배웠나? (고등학교 때 배운 제2외국어로 대화한다고 생각해보면 무슨 말인지 와닿을 것이다.) 많은 이들이 4년 이상을 대학에서 보내며 취업 준비를 하지만 막상 졸업할 땐 준비가 덜 됐다고 느낀다. 부처는 고작 7년의 수행으로 훨씬 더 많은 것을 할 수 있다고 말했다. 모든 고통을 극복할 수 있는 열쇠를 손에 쥘 수 있다. 문자 그대로 열반에 오를 수 있다.

그런데 부처는 깨달음을 얻었음에도 협상가로서는 형편없는 면모를 보여준다. 한창 강연이 진행되는 도중에 흥정을 시작한 것이다. 어쩌면 6년 정도면 충분할 것이다. 아니, 5년쯤이라고 해두자. 아니면 4년. 그런 식으로 계속하다가 나중에는 1년까지 쭉 내려간다. 그다음에는 그마저도 너무 많다고 판단했는지 아마도 일곱 달이면 충분할 거라고 정정한다. 아니지, 여섯 달? 그런 식으로 또 계속 내려가다가 한 달까지 떨어지고, 그다음에 보름, 최종적으로 일주일로 정정한다. 단 7일, 부처의 최종 제안은 일주일이다. 그 이상은 못 깎는다. 일주일 동안 온전한 마음챙김 명상을 실천할 수 있다면 깨달음이 보장된다.

정말 멋진 제안이다. 하지만 그것이 어떻게 가능할까? 어떻게 일주일, 길게는 7년 동안의 명상으로 깨달음에 가까이 다가갈 수 있을까?

다시 말하지만, 이것은 피아노를 치는 것과 비슷하다. 반복적인 손가락 운동이 내는 소리는 단조롭게 느껴질지 모르지만, 진짜 음악으로 넘어갔을 때 그 훈련이 마법처럼 작용한다. 마찬가지로 오랜 명상을 통해 마음챙김을 훈련하면, 우리는 마음챙김을 일상으로 가져올 수 있게 된다. 온종일 행하는 모든 호흡과 움직임을 인지하지는 못할 수도 있지만, 낮에도 몽유병 환자처럼 돌아다니는 일은 없게 될 것이다.

서서히 방석에서 일어나 명상 훈련의 반경을 늘려보자. 부처는 우리가 걸을 때 걷고 있다는 것을 알아야 한다고 말했다. 서 있을 땐 서 있다는 것을 알아야 한다. 다시 앉거나 누울 때, 그곳에 있는 자신의 몸 전체를 인지해야 한다. 걸을 때 발의 각 부위가 땅에 어떻게 닿는지, 움직일 때마다 무게중심이 어떻게 이동하는지, 모든 걸음과 숨에 몸이 어떻게 반응하는지를 느껴야 한다. 걷고, 서고, 앉고, 잠들고, 깨어나고, 말하고, 침묵할 때 완전한 자각을 가지고 행동하는 자가 되는 것이 목표라고 부처는 말했다. 명상을 통해 구축된 자각 능력은 실생활에서도 그 모습을 드러내기 시작할 것이다. 다시 말해 이렇게 체득된 마음챙김은 우리의 삶, 즉 가정과 직장을 비롯한 모든 곳에 점차 스며든다.

마음챙김은 팔정도의 나머지 길에 도달하는 것을 돕는 길잡이가 된다. 우리는 자신의 언행이 타인에게 미치는 영향에 마음을 두기 때문에 올바르게 말하기를 훈련한다. 또 자신의 행동이 미치는 결과에 마음을 두기 때문에 올바른 행동을 실천한다. 이런 식으로 마음챙김은 나머지 길을 여는 열쇠라고 할 수 있다. 좋은 것은 모두 거기에서 비롯된다. "평온한 마음으로 말하거나 행동하면 행복은 그림자처럼 따라온다"고 부처는 말했다.

직접 경험해보고 싶다면 지금부터 매일 명상 훈련을 해보자. 매일 규칙적으로 명상하는 것이 가장 중요하다. 앞서 설명한 하루 5분 명상이 익숙해졌다면 10분으로 늘릴 것을 권장한다. 아무리 바쁜 날에도 10분 일찍 일어나거나 10분 늦게 잠자리에 들 수는 있을 것이다(사람들은 보통 샤워하는 데 매일 8분 이상을 소비한다. 정 시간이 없으면 거기에서 몇 분만 빌려 오자). 그렇게 점차 20분까지 늘릴 수 있다면 정말 훌륭하다. 나는 거의 매일 그렇게 하고 있다. 심도 있는 명상을 하기에 충분한 시간이라고 생각한다. 20분이 부담된다면 10분을 고수하자. 간혹 주말이나 일이 없는 날에는 20분으로 늘려볼 수도 있겠다.

하루에 10분이면 충분할까? 충분하다는 개념은 애초에 존재하지 않는다고 말하는 사람도 있을 것이다. 달라이 라마는 평생 해왔듯 여전히 매일 몇 시간씩 명상한다. 달라이 라마보다는 덜 유명하더라도 장기간 수행한 사람들은 그처럼 길게 명상한다. 하지만 대다수는 그렇게 하기 어렵다고 느낀다. 대부분은 짧은 명상으로 더 효과를 본다. 신체 단련과 마찬가지로 조금씩 하는 것도 도움이 된다. 매일 조금씩 짬을 내서 명상

시간을 마련하는 쪽이 실천하지 못할 장대한 계획을 세우는 것보다는 훨씬 낫다.

분명히 말하는데 일주일 후에 마법이 일어나리라는 보장은 없다. 솔직히 난 부처가 왜 그 말을 했는지 이해가 가지 않는다. 우리의 일상에 마음챙김을 도입하는 게 생각처럼 쉽지 않기 때문이다. 어려울 뿐만 아니라 연습과 인내가 필요하다. 하지만 그것이 가능하다는 점을 주목해야 한다. 이것이 부처의 삶이 우리에게 전하는 진정한 교훈이다. 부처의 삶은 그 길을 걸어온 한 인간의 기록이다. 부처는 진정한 깨달음을 얻을 수 있을 정도로 마음챙김에 매진했고, 깨달음을 실현했다. 부처에게 가능했다면 우리에게도 가능하다.

## 초심자의 마음으로 대하라

명상에 익숙하지 않은 사람은 앞서 나온 연습 과정이 약간 부자연스럽고 불편하게 느껴졌을 것이다. 무언가를 처음 시도한다는 건 어색하기 마련이다. 혹시 잘못하고 있는 건 아닌지 걱정스럽다. 우리는 우리의 무지에 부끄러움을 느낀다. 어쩌면 방에 혼자 앉아서 특이하게 다리를 접고 무릎에 손을 올려놓고 있는 자신의 모습이 좀 우스꽝스럽게 느껴졌을지도 모른다.

부처는 당신에게 괜찮다고 말했을 것이다.

우리는 전문가가 되기 위해 인생의 많은 시간을 치열하게 보낸다. 직장에서는 더더욱 그렇다. 능숙하고 유능해지길 원한다. 동료의 존경과 상사의 칭찬을 원하고 최대한 실수하는 것을 피한다. 하지만 어떤 분야의 전문가가 된다는 것에는 실질적인 위험이 따를 수 있다.

중세 일본, 선종의 도겐 선사(禪師)는 초심자라는 개념에 대해 사뭇 다른 견해를 가지고 있었다. 도겐은 일반적으로 경험과 전문 지식이라고 생각하는 것이 종종 경솔함과 불찰로 이어질 수 있음을 우려했다. 처음으로 무언가를 시작해서 뭐가 뭔지 아무것도 모를 땐 불편함을 느끼기 마련인데, 바로 그때 발휘되는 힘에 주목한 것이다. 도겐은 이 불안하고 텅 비어 있는 심리를 '초심자의 마음'이라고 불렀다. 나아가 초심자의 마음으로 명상에 임하는 것이 진정한 의미에서 부처처럼 앉아 있는 것이라고 말했다. 또한 명상 훈련을 거듭할수록 초심자의 마음을 잃을 수 있음을 지적했다.

이러한 생각은 불교에만 국한된 것이 아니다. 전 세계 대부분의 종교에는 이와 비슷한 개념, 즉 모두가 내재하고 있는 '기본적인 지혜'의 개념이 있는 것 같다. 그중에서도 도겐 선사가 일본에 도입한 선종에서 이 개념은 가장 완전하고 명쾌한 표현을 찾은 듯하다. 수백 년 후, 현대의 선승인 스즈키 슌류는 캘리포니아에 있는 미국 학생들을 대상으로 한 유명한 강연에서 "수련의 목표는 항상 초심자의 마음을 지키는 것이다"라는 말로 도겐의 생각을 확장하고 대중화했다. 기본적으로 스즈키는 우리가 절대로 전문가가 되어서는 안 된다고 했다. 그는 다소 특이한 조언을 이렇게 풀어서 설명했다.

"초심자의 마음은 닫힌 마음이 아니라 비어 있으면서도 준비된 마음을 의미한다. 만약 여러분의 마음이 비어 있다면, 어떤 것에든 늘 준비가 되어 있는 것과 같다. 초심자의 마음은 모든 것에 열려 있기 때문이다. 초심자의 마음에는 수많은 가능성이 있는데, 전문가의 마음은 그렇지 않다."

초심자의 마음이 직장에서 가장 잘 드러나는 경우는 새로운 업무를 배정받거나 새로운 직장에 입사했을 때이다. 그 상황에서 우리는 스스로 유능하다고 느끼지 않는다. 무엇을 해야 할지도 정확히 알지 못하며, 무언가를 한다 해도 잘못될 가능성이 높다. 그럴 때 우리는 사람들이 자신의 무지를 알아챌지도 모른다는 생각에 눈치만 보며 소심하게 움직인다. 점심을 어디서 먹어야 할지 몰라 불안해하는 전학 온 중학생의 모습과 비슷하다.

하지만 이 불안한 마음과 경계심을 유리하게 쓸 수도 있다. 새로운 상황이 불편하다고 해서 그 불편함을 불편해할 필요는 없다. 당신과 함께 일하는 이들도 저마다 직장에 첫 출근을 한 날이 있었다. 태어날 때부터 전문가인 사람은 없다. 당신 주변에는 생각만큼 능숙하지 않은 사람도 많을 것이다. 지혜의 반대말은 무지가 아니라 오만이다. 무지는 온전히 존중받아 마땅한 상태다. 무지는 모든 궁극적인 지식의 근원이다. 오만은 위험이 도사리는 곳이다. 초심자여서 좋은 점은 자신이 무엇을 모르는지 안다는 것이다. 전문가는 때때로 그것을 잊곤 한다.

하지만 더 중요한 건 새롭게 무언가를 시작할 때가 아니어도 초심자의 마음을 갖는 것이다. 한 직장에서 오래 있었던 사람은 기계적으로 일할 가능성이 크다. 그저 시간에 맞춰 출퇴근하며 반복적인 동작을 되풀이하는 것처럼 느끼기 쉽고, 신입사원에게 회의적인 시선을 보내는 거만한 전문가가 되어 있을 수도 있다. 그 원인이 지루함이든 자만심이든 그때가 바로 부주의하게 되는 시점이다. 그때야말로 초심자의 마음을 되찾기 위해 더더욱 노력해야 한다.

단조로움에서 벗어나는 방법 가운데 하나는 휴식을 취하는 것이다. 또 다른 방법은 다른 일을 하는 것이다. 많은 사람이 오늘, 이번 주, 올해 안에 해야 할 일들을 안고 있다. 초심자의 마음을 기르는 방법 중 하나는 하는 일을 더 자주 바꿔가며 새로운 일을 하는 경험을 자신에게 더욱 자주 제공하는 것이다.

한편 초심자의 마음을 되찾는 것은 장소를 이동하는 것만큼이나 쉬울 수도 있다. 일이 잘 풀리지 않거나 동기부여가 되지 않을 때, 나는 종종 노트북을 들고 건물 내에 있는 다른 장소에 가서 작업한다(이렇게 하면 나를 찾는 게 어려워지므로 사람들에게 방해받을 가능성이 줄어든다). 일이 꽉 막힌 느낌이 들기 시작하면 낯선 곳으로 자리를 옮겨 환기를 꾀할 수 있다. 이 아이디어를 극단적으로 발전시켜서 각자에게 할당된 업무 공간을 아예 없애버린 기업도 있다. 모든 것이 그렇듯 중요한 건 균형이다. 모든 것이 자신의 의도대로 설정된 익숙한 공간이 지닌 유리한 점도 많다(내 책상은 항상 엉망인 것처럼 보이지만, 모든 게 어디에 있는지 나는 정확히 알고 있고 금방 찾을 수 있다).

초심자의 마음은 '무능함을 느끼고 자신의 능력에 대해 남을 속인 경험'으로 정의되는 가면 증후군과는 다르다. 이건 정말 끔찍한 느낌이다. 가면 증후군은 여대생 사이에서 처음 관찰된 것으로, 초기에는 주로 여성에게 나타나는 것으로 추정되었다. 자신이 그 자리에 어울리지 않아 보인다는 우려를 사실처럼 느끼고, 가면을 쓰고 사람들을 속인 것이 곧 탄로 날지도 모른다는 두려움을 느끼는 것이다. 하지만 사실 남성 사이에서도 흔히 있는 일이라는 걸 오늘날 우리는 쉽게 알 수 있다. 많은 사람이 동료가 자신을 사기꾼으로 보지는 않을지 걱정하고, 당최 뭘 하고 있는지 스스로 전혀 모르고 있음을 남들이 눈치챌까 봐 걱정한다.

이러한 감정이 들 땐 이런 현상이 매우 흔하다는 점을 기억하는 것이 중요하다. 내가 직장에서 아는 거의 대부분의 사람은 이따금 가면 증후군을 경험한다. 물론 나도 마찬가지다. 당신 혼자만 느끼는 감정이 아니다. 직장 동료 대부분은 당신처럼 의문을 품는다. 하지만 과거에 했던 모든 행동의 결과로 당신은 지금의 위치에 있다. 부처는 이를 업보라고 불렀다. 어느 정도 운이 작용했을 수도 있지만, 운은 당신뿐만 아니라 모든 이에게 작용했다. 당신은 누구 못지않게 지금 그 자리에 있을 자격이 있다.*

초심자의 마음은 가면 증후군으로부터 자신을 지키는 데도 도움이 된다. 우리는 무능함을 필사적으로 감추기보다는 학습하고 발견할 수 있도록 마음을 열기 위해 노력한다. 무지를 인정하는 것을 두려워하는 대신 지식을 넓히기를 열망한다. 이는 배움에 있어서 가장 좋은 방법이며, 자신뿐만 아니라 주변 사람들도 배울 수 있도록 돕는다. 솔직하게 한계를 인정하면 이후에 가면이 벗겨질까 봐 두려워할 필요가 없다.

초심자의 마음으로 접근하는 방식은 어느 분야에나 적용할 수 있다. 스즈키 순류와 함께 공부한 경험이 있는 펜실베이니

---

\* 사실 이러한 두려움을 갖고 있지 않은 사람은 지나치게 자신에게만 몰두한 나머지 자신의 성공 외엔 아무것도 상상하지 못한다. 이런 사람에겐 자기 회의가 약이 될 수도 있겠다.

아 대학의 생물의학 연구원 앨버트 J. 스턴커드는 오랜 시간 섭식장애 분야를 연구하는 동안 초심자의 마음을 지키려고 노력했다. 그는 연구에 초심자의 마음을 적용하는 것을 "매 순간을 발견의 순간으로 받아들이고, 그 순간을 전적으로 자신에게 주는 것"이라고 묘사했다. 캘리포니아주에서 소프트웨어 설계자로 일하는 알로 벨시는 이와 같은 신조를 코딩에 적용했다. 그는 중대한 소프트웨어 프로젝트에 투입될 인력을 배치하면서 깨달은 바가 있다. 그는 "능숙함과 가장 거리가 먼 사람이 업무에 최고 적임자라는 것을 알게 됐다. 그런 사람은 다양한 접근 방법을 빠르게 시도하기 때문이다. 본인이 그 일을 잘 이해한다고 생각하는 사람보다 일을 성공시킬 가능성이 크다"고 했다. 즉, 가장 실력이 부족한 사람이 그 누구보다도 초심자의 마음으로 작업에 임한다는 뜻이다.

벨시는 초심자의 마음을 되찾기 위해서 할 수 있는 또 다른 접근법을 제시한다. 바로 새로운 사람들과 함께 일하는 것이다. 당신이 지금 하는 일의 전문가라면, 이제 막 일을 시작한 사람과 한 조가 되어보는 건 어떨까? 설명하는 과정에서 초심자의 눈으로 업무를 바라보면 많은 것을 배울 수 있다. 타지에서 온 사람에게 동네 구경을 시켜준 경험을 떠올려보자. 그땐 모든 것이 새롭게 보일 수 있다. 비슷한 이유로 나는 사람들에게 내 사무실을 구경시켜주는 것을 좋아한다. 그러면 당연하게 여겼던 아주 작은 장점들이 눈에 들어온다. 그리고 나는 새로운 기술팀을 구성할 때 이제 막 대학을 졸업한 이들과 함께하는 것도 좋아한다. 그들이 던지는 훌륭한 질문에 답하다 보면 이미 성공한 사례를 택하기보다 더 나은 접근법을 열심히 생각하게 된다.

당신이 초보자라면 반대로 경험이 풍부한 사람과 같이 일하는 게 좋겠다. 당신이 그들에게 배우듯 그들 역시 당신에게 배울 수 있다.

직장에서 파릇파릇함을 유지하기 위한 마지막 접근 방법은 직장 밖에서 초심자가 되려고 노력하는 것이다. 새로운 취미를 갖거나 평소에 어렵다고 생각하는 것을 배워보자. 성공적인 경력을 쌓은 영어 교수 셰릴 폰테인은 "교수, 작가, 선생님으로서 나의 정체성을 내려놓고 가라테 도장에 등록했다"면서 일과 후에 무술을 수련함으로써 초심자의 마음을 되찾는다고 했다. 비록 무술과 영어 작문 사이에는 큰 연관성이 없지만, 폰테인 교수는 익숙한 상황에서 오는 단조로움 없이 새롭게 세상을 바라보는 눈과 자각하는 방법을 습득했고, 이후에는 그 마음으로 자신의 본업에 임할 수 있었다고 한다.

경험이 중요하지 않다고 말하는 게 절대 아니다. 경험은 중요하다. 10년 혹은 20년 전의 나와 비교하면 나는 지금 많은 것을 더 잘할 수 있게 되었고, 전공 분야에서 오랫동안 일한 사람들에게서 많은 것을 배울 때도 많다. 또 이 책에는 수많은 전문가의 말을 인용했다. 나는 오랜 경력을 통해 얻은 지혜를 존중한다. 한편 초보자에게서도 많은 것을 배운다. 단지 시간이 흘러 원래 알고 있었던 기본적인 것들을 잊어버렸기 때문만은 아니다.

실리콘밸리의 연구원인 마크와 바버라 스테픽 부부는 수십 명의 발명가와 디자이너를 인터뷰했고, 벨시와 비슷한 결론에 도달했다. 인터뷰 결과 가장 어려운 문제를 푼 사람은 학생을 비롯한 그 분야의 초보자들이었다. 그들은 애초에 그 문제가 어렵다는 걸 몰랐고, 전문가라면 어리석거나 비논리적이라고 여겼을 시도를 했기 때문에 문제를 풀 수 있었다. 그러므로 가능한 한 다양한 구성원으로 팀을 이루는 것이 좋다. 그렇게 하면 전문가와 초보자 모두에게 배울 수 있다. 스스로 전문가와 초보자의 면모를 모두 가질 수 있다면 이상적이다.

우린 때때로 꽉 막힌 전문가처럼 행동하기도 하지만, 동시에 초심자의 마음에서 무언가를 얻을 수도 있다. 그것은 직장에서나 집에서나 마찬가지이며, 삶의 어느 곳에서나 적용된다. 부모는 자식에게, 선생님은 학생에게, 고용주는 피고용인에게 배울 수 있다. 8세기에 이러한 이치를 알고 있었던 인도의 위대한 불교 스승 샨티데바는 "누구든 항상 모든 사람의 제자가 되어야 한다"는 글을 남겼다.

도겐 선사는 한결 거창하게 표현했다.

"초심자의 진심 어린 도의 실천이야말로 본각(本覺)의 총체이다."

쉽게 설명하면, '깨달음으로 가는 길은 초심자의 마음으로 당신의 삶 전체를 대하는 것이다'라고 풀이할 수 있다. 깨달음이란 모든 것을 아는 걸 의미하지 않는다. 오히려 아무것도 모르는 쪽에 훨씬 가깝다.

## 일하지 않아야 일이 된다

앞에서 이야기한 바와 같이 너무 편협하게 집중하면 초심자의 마음을 잃을 수도 있다. 하지만 사람들은 보통 성공하는 최선의 방법(어쩌면 유일한 방법)은 더욱더 열심히 일하는 것이라고 생각한다. 성공하기 위해 남들보다 더 오래 일하는 사람, 야근을 하거나 여러 직업을 동시에 소화하는 사람의 이야기는 우리 주위에 넘쳐난다. 하지만 덜 일하는 것이 성공으로 향하는 길이라면?

약 20년 전, 코네티컷 대학의 연구원들은 지역 보험회사 두 곳을 상대로 실험을 했다. 직원들에게 1시간에 네 번씩 휴식을 취하라고 요청한 것이다. 세 번은 30초 동안, 한 번은 30분 동안 쉬게 했다. 즉, 참가자들은 15분마다 잠시 숨을 돌리고 1시간에 한 번씩 제대로 된 휴식을 취하도록 요청받은 것이다. 이보다 긴 기존의 휴식시간(점심시간 등)은 실험 때문에 추가된 휴식시간과 별개로 그대로 유지했다.

추가된 휴식시간 때문에 과연 일이 더뎌졌을까? 오히려 휴식을 취한 사람들이 일을 더 많이 한 것으로 나타났다! 즉, 쉴 새 없이 일할 때보다 더 생산적이었다. 연구원들은 이를 가리켜 '짧게 자주 쉬는 것의 유용성에 대한 실증적인 증거'라고 불렀다.

바쁜 것을 예찬하는 우를 범하기는 매우 쉽다. 우리는 무언가를 하고 있지 않을 때 스스로가 생산성이 없거나 유용하지 않다고 느낀다. 한 가지 이상의 일을 하는 것을 선호하며, 바쁘기를 원한다. 자신이 바빠 보이지 않으면 부끄럽다고 느끼기도 한다. 일하지 않을 때도 무언가를 성취하고 싶어 한다. 운동 계획표를 짜거나 취미 생활과 관련된 목표를 세운다. 심지어 명상 훈련 목표도 세운다. 요즘 어떻게 지내냐고 친구들이 물어오면, "바쁘게 지내!"라고 자랑스럽게 대답하곤 한다.

목표를 세우는 것 자체가 꼭 나쁜 것은 아니다. 하지만 가끔 휴식을 취하는 것에도 참된 가치가 있다. 어떤 종류의 사고는 단지 의식적인 노력뿐만 아니라 무의식적인 '배양'의 시간도 필요로 한다. 다수의 역사적인 발견은 그것을 발견한 사상가, 즉 '생각하는 사람'이 아무 생각도 하지 않는 사이에 일어났다. 이처럼 휴식은 창의적 활동에도 많은 도움이 되는 것으로 보인다.* 좀 더 전문적으로 말하면 '창조적 발견은 처음에 품었던 의식적 사고에 이어 업무와 관련된 의식적 사고를 자제하는 시간이 뒤따를 때 비롯된다'로 정리된다.

휴식을 취하는 것은 게으른 것과 다르다. 그 시간은 꼭 필요하다. 형태를 갖추는 데 시간이 필요한 건 창조성에 국한된 얘기가 아니다. 우리의 몸과 정신은 쉴 새 없이 일하도록 만들어지지 않았다. 우리는 회복할 시간이 필요하고, 휴식 없이는 불가능하다. 휴식은 생산성을 떨어뜨리지 않고 오히려 높인다는 사실은 거듭된 연구를 통해 입증됐다. 한국의 텔레마케터들을 대상으로 한 연구를 살펴보면, 낮에 편안하고 사교적인 휴식 시간을 가진 사람들의 판매 실적이 더 좋은 것으로 나타났다. 유럽의 어느 공장 조립라인에서 일하는 근로자들을 대상으로 한 연구에서는 '짧게 자주 쉬는 것'이 그날의 집중도를 향상시켰다. 집중하는 것의 중요성에 대해서는 이미 이야기했다. 회

---

* 폴 매카트니는 <예스터데이>의 멜로디를 꿈속에서 작곡했다고 한다.

사에서 시간을 낭비하는 가장 악명 높은 방법으로 꼽히는 인터넷 서핑에도 이점이 있다. 최근 연구에서는 사람들이 일반적으로 생각하는 것과 달리 '직장에서 여가로 즐기는 인터넷 검색(연구원들이 완곡하게 표현했다)'이 사실은 '불필요하게 관심을 끌지 않는 선에서 정신적 능력의 회복을 돕고, 자율성을 조성할 수 있도록 돕는 업무 방해 요소'임이 밝혀졌다고 한다. 그러니 이제 마음 편히 SNS를 확인해도 될 것 같다.

너무 당연하게 들릴지 모르겠지만, 다른 일을 하는 건 쉬는 것으로 볼 수 없다. 연구에 따르면 휴식시간은 실제로 일을 멈췄을 때만 효과적이라고 한다. 어느 과학 학술자료에 의하면 "다음 회의를 위해 자료를 준비하는 등 휴식시간에도 일하는 직원은 그렇지 않은 직원보다 부정적인 감정을 느낀다"고 한다. 지출보고서나 근무기록표를 작성한다든가 바닥을 쓸거나 설거지를 하면서는 휴식을 취할 수 없다. 단지 하는 일이 바뀐 것일 뿐이다. 그것이 꼭 나쁜 건 아니지만 "업무에서 회복하려면 업무와 관련된 요구가 없어야 한다"는 점을 기억하자.

성공적인 휴식을 위해서는 진정한 의미의 거리 두기를 해야한다. 이런 이유로 쉬는 시간에 핸드폰을 사용하는 것은 역효과를 낸다고 보인다. 직장인 450명을 대상으로 한 설문조사에 따르면 휴식시간에 통화를 한 사람은 '감정적 피로감'을 훨씬 많이 느꼈으며, 업무에 복귀했을 때 평소처럼 회복하지 못한 것으로 나타났다. 인터넷 서핑은 괜찮은데 핸드폰 사용은 그렇지 않은 이유는 뭘까? 그 활동이 무엇을 대체하고 있는가를 살펴보면 알 수 있다. 책상에 앉아서 재미로 인터넷을 들여다보면 업무에서 벗어나 기분 좋은 휴식을 취할 수 있다. 하지만 실제로 휴식을 취하려고 할 때 핸드폰을 들여다보면 업무와 관련된 메시지와 이메일을 볼 수도 있다.

자신에게 쉬는 시간을 주는 것이 중요하듯 생각할 시간을 주는 것 또한 중요하다. 소프트웨어 엔지니어로 일하던 시절에 직원들이 책상에 앉아 키보드를 두들기고 있지 않으면 화를 내는 상사가 있었다. 나는 복잡한 코딩 문제를 해결하거나 소프트웨어를 설계하려면 생각할 시간이 필요하다고 설명했다. 그러자 그 상사가 대답했다.

"생각은 회사에서 하지 말고 차 타고 집에 가는 길에 하세요."

정말 끔찍한 말이다. 그 시기에 함께 일한 또 다른 상사는 1년에 일주일은 사무실에 나오지 않고 어딘가에서 사색하며 보냈다. 이 둘 중 과연 어느 쪽이 더 성공했을까?

당신이 하는 일이 아직 자동화되지 않았다는 건 아마도 그 직업이 진짜 생각하는 능력을 요구하기 때문일 것이다. 부디 내 말을 믿어줬으면 좋겠다. 매일 생각할 수 있는 시간을 만들자.

휴식은 근무시간에만 필요한 게 아니다. 퇴근 후에도 필요하다. 여기에는 많은 이유가 있다. 그중 하나는 일이 삶의 전부가 아니라는 점이다. 그런 삶을 살고 있다면 이제부터 바뀌어야 한다! 범위를 좁혀 업무 능력만 놓고 봐도 사무실에만 틀어박혀 있는 건 역효과를 낳을 수 있다. 오랫동안 진행된 영국의 한 연구에 따르면 "장시간의 노동은 인지 능력에 부정적인 영향을 미칠 수 있다"고 한다. 또 일주일에 55시간 이상 일하는 사람은 일주일에 40시간을 일하는 사람보다 인지 추론 능력 검사에서 낮은 점수를 받았다. 나아가 이 연구는 "향후 5년 동안 장시간 근무를 한다면 추론 능력 검사 성적이 떨어질 것으로 예측된다"고 보고했다. 즉, 근무시간이 늘어난 사람은 시간이 지날수록 능력이 저하된다는 전망이었다.

물론 일부러 적게 일하는 것은 기업 문화에 어긋난다. 한 대형 글로벌 컨설팅 회사를 분석한 사례에서 장시간 일하는 것으로 '인식된' 근로자는 회사의 과도한 업무를 수행하는 척만 하더라도 비교적 더 성공할 수 있었고 승진 가능성도 컸다는 사실이 발견됐다. 관리자는 직원들이 근무시간을 명확하게 밝히지 않는 한 실제로 장시간 일하는 직원과 그렇지 않은 직원을 구분하지 못하는 것 같았다. 일부러 티내지 않으면 당신이 언제 쉬는지, 언제 퇴근하는지 상사는 잘 모를 수도 있다.

관리직을 맡고 있는 지인은 직원들이 '바쁘다'는 말을 하지 못하도록 규칙을 만든 적이 있다. 바빠지는 것 자체가 목적이 되는 것을 원하지 않았기 때문이다. 만약 당신이 하는 일이 관리직이라면 일과 중에는 물론이고 퇴근 후에도 진정한 휴식을 취할 수 있는 구조를 만들도록 노력해보자. 나는 퇴근시간 이후에는 누구에게도 메시지를 보내지 않으려고 한다. 그래서 나와 일하는 동료들은 연결을 끊어도 괜찮다는 것을 알고 있다. 당신도 이런 환경을 만들 수 있도록 스스로 허락해보자. 깨달음을 얻지 못한 상사는 근무시간에 당신이 연락을 받지 않으면 이따금 짜증낼 수 있지만, 장기적으로 본다면 시간을 내어 휴식을 취해야 업무 능률이 향상될 것이다.

베트남 불교 지도자 틱낫한은 흙탕물이 든 유리잔을 비유로 들어 일하지 않는 것의 힘을 보여준다. 아무리 흔들어도 물은 깨끗해지지 않는다. 많이 움직일수록 진흙이 섞여 오히려 더 흐려질 뿐이다. 하지만 유리잔을 그냥 두면, 즉 아무것도 하지 않으면 진흙은 점차 바닥으로 가라앉고 물이 맑아진다. 고요에서 명료함이 나온다.

미래학자이자 역사가인 알렉스 수정 김 방(Alex Soojung-Kim Pang)은 이렇게 말했다.

"휴식은 게으름이 아니다. 더 나은 삶으로 나아가는 열쇠다."

## 버스를 탄 부처

1950년대 영국 의료연구위원회의 한 의사는 런던의 대중교통 종사자에 관한 흥미로운 사실을 발견했다. 런던을 상징하는 이층 버스를 운행하는 직원 3만여 명의 건강 기록을 살펴본 결과, 운전사는 같은 시간을 일하는 안내원보다 관상동맥질환의 발병률이 훨씬 더 높은 것으로 나타났다. 나이, 성별, 생활 방식 등 여러 측면에서 두 그룹은 대체로 비슷했다. 다만 운전사들이 온종일 앉아서 일하는 동안 안내원들은 서서 일했는데, 바로 여기에서 차이가 발생했다.

우리는 부처를 떠올릴 때 홀로 앉아 만물의 이치를 헤아리

는 정적인 영혼 정도로 생각하는 경향이 있다. 앞에서 이야기
했듯 부처가 앉아서 명상한 건 사실이지만, 실제로는 많은 시
간을 서서 보냈다. 부처는 여러 왕국을 끊임없이 오가며 깨달
음을 전파했다. 실제로 부처가 승려들을 위해 최종적으로 세
운 규칙에는 한 장소에서 너무 많은 시간을 보내는 것을 엄격
히 금지한다고 나와 있다. 버스에서 부처의 역할은 운전사로
서 길을 인도하는 쪽이라고 생각하기 쉽지만, 실제로는 통로
를 오르내리며 지칠 줄 모르고 승객을 보살피는 안내원과 비
슷한 삶을 살았다.

　과거에는 보통 일이라고 하면 공장, 농장, 가게 같은 곳에
서 하는 신체적인 활동을 의미했다. 하지만 오늘날 많은 이들
은 상상 속 부처의 모습처럼 가만히 앉아서(다만 산꼭대기가 아
닌 책상 앞에 앉아서) 일과시간을 보낸다. 최근 한 통계에 따르
면, 오늘날 사람들은 근무시간의 62%를 앉아서 보낸다. 우리
가 사는 곳은 운전사들의 왕국이 되었고, 별로 좋지 않은 건강
상태가 그것을 증명한다.

　운동이 몸에 좋다는 건 굳이 말하지 않아도 다들 알 테니 생
략하겠다. 한편 앉아서 일하는 삶은 우리가 생각하는 것 이상
으로 해롭다. 신체적 비활동성은 미국 10대 주요 사망 원인을
포함해 최소 35가지 건강 적신호에 실질적인 원인을 제공한

다. 보편적인 기대수명과 비전염성 질병으로 인한 사망이라는 측면에서 봤을 때, 신체적 비활동성이 초래하는 건강 적신호는 비만, 흡연과 거의 비슷한 수준으로 나타난다!

운동을 하면 신체 건강뿐만 아니라 정신 건강까지 좋아진다. 규칙적인 신체 활동은 스트레스와 우울감을 모두 줄여주며 정신 상태에 경이로운 변화를 일으킨다. 특히 직장에서의 마음가짐을 향상시킨다. 운동은 사고력에도 도움을 준다. 단 한 번의 운동으로도 인지력을 높일 수 있는데, 그 결과는 모든 연령대에 적용된다. 반드시 땀이 날 정도로 운동해야 하는 것도 아니다. 스탠퍼드 대학에서 진행된 일련의 실험 결과 걷는 것만으로도 사고의 자유로운 흐름을 열고, 창의력을 높이고, 신체 활동을 증가시킬 수 있다는 사실이 밝혀졌다. 야외에서 걷는 것이 가장 좋지만, 러닝머신을 이용하는 것도 창의력을 자극하는 데 도움이 된다고 스탠퍼드 연구원들은 말했다.

이처럼 우리의 정신에 긍정적인 영향을 끼치는 운동은 직장에서의 생산성을 높이는 방법이 되기도 한다. 시애틀, 미니애폴리스, 덴버에 있는 수백 명의 병원 근로자들을 대상으로 진행한 연구에 따르면, 적당한 운동은 업무 성과를 크게 향상시킨다. 잉글랜드 남서부 지역 성인 201명을 대상으로도 이와 유사한 연구가 진행됐는데, 운동은 근로자의 기분과 성과에 긍정적인 영향을 끼치며 그 결과는 집중력 향상, 업무 기반 관계 개선, 스트레스 회복력 강화로 이어진다고 밝혔다.

이제 우리는 운동이 건강과 생산성 향상 모두에 좋다는 걸 알았다. 그렇다면 앉아 있는 건 정말로 나쁜 것일까? 답은 좀 복잡하다. 일단 앉아서 일하는 직업은 서서 움직이며 일하는 직업보다 돈을 많이 번다. 한 회사 내에서도 높은 보수를 받는 중역과 중간관리직은 회의실에 앉아 있고, 최저임금을 받는 관리인과 경비원은 서 있는 것을 볼 수 있다. 더 높은 임금을 받는 근로자들은 더 나은 건강 관리를 받을 수 있으므로 앉아 있는 것이 건강에 미치는 부정적인 영향이 덜 드러날 수 있다.

그렇지만 호주에서 20만 명 이상의 성인을 대상으로 한 조사에서는 장시간 앉아 있고 일주일 동안 신체적 활동을 한 번도 하지 않는 이들이 일정 기간 내 발생한 사망자 중 가장 높은 비율을 차지했다. 한마디로 그들이 덜 앉아 있는 이들보다 더 일찍 사망했다는 것을 의미한다. 이 연구에서는 45세 이상 성인에게 일어난 모든 사망의 6.9%는 앉아 있는 것에 그 원인이 있다고 추정했다. 이에 따르면 45세 이상 성인 사망자 중 약 25%가 하루에 최소 8시간을 앉아서 보냈다고 한다.

부처는 계속 움직이는 것의 중요성을 잘 알고 있었다. 그럼 부처가 만약 사무실에서 근무한다면 서서 일하는 책상이나 러닝머신 책상을 사용할까? 그런 방식으로 직장에서 하는 운동이 건강에 이롭다는 증거들이 있긴 하지만, 이에 대해 나는 회의적이다. 미네소타의 메이오클리닉은 러닝머신 책상에서 일하는 자원봉사자들이 일반 책상에서 일하는 자원봉사자보다 육체적 활동을 더 많이 하고, 성과도 약간 높다는 것을 알아냈다. 처음 일정 기간 동안은 오히려 성과가 낮게 나왔는데, 아마도 걸으면서 동시에 일을 하는 것에 적응 기간이 필요했기 때문일 것이다. 그런데 같은 팀에서 진행했던 이전 연구에서는 러닝머신 사용이 건강에 미치는 영향이 아주 작은 것으로 나타났으며, 감독자 등급에서는 초반에 저조하게 나타난 성과가 이후에도 증가하지 않았다. 서서 일하는 책상과 러닝머신 책상에 대한 23개 연구를 종합한 결과, 러닝머신에서 일하면 자판과 마우스 사용 능력이 저하되어 결과적으로 생산성이 낮아진 것으로 드러났다.

부처는 멀티태스킹을 그다지 좋아하지 않았다. 서서 일하는 책상이나 러닝머신 책상에서 일하는 게 온종일 앉아 있는 것보다는 나을 수도 있다. 하지만 그보다는 앉아 있는 것과 이따금 걷기를 비롯한 다른 신체 활동을 번갈아 하는 쪽이 더 좋을 것이다. 당장은 상상하기 어려운 사치처럼 들릴지도 모르지만, 어느 정도 미리 계획을 세우면 산책을 자연스럽게 일과에 포함시킬 수 있다. 한때 나는 여러 동료와 일대일 미팅을 많이 하는 직업에 종사했다. 당시 나는 그들 중 대부분에게 건물 여기저기를 돌아다니면서 대화하자고 설득했고, 실제로 그렇게 했다. 미팅이 많이 잡힌 날엔 16킬로미터를 걷기도 했다. 다음으로 근무했던 직장은 공간이 좁고 사람이 많아서 산책할 만한 장소가 없었는데, 다행히 건물의 다른 층에서 적당한 곳을 찾아냈다. 공사 중이었지만 동료들과 함께 빈 홀을 빙빙 돌며 걸을 수 있었다. 주차장에서 걷기 미팅을 한 적도 있다. 나는 대부분의 사람이 러닝머신 위에서 걸으며 일하는 것보다는 걸으면서 대화하는 걸 더 자연스럽게 여긴다고 믿는다.

명상과 운동 사이에도 좋은 시너지 효과가 있는 것 같다. 루이빌 대학의 연구원들은 지역 YMCA 회원들을 대상으로 한 조사에서 마음챙김을 열심히 하는 사람들이 운동을 병행하는 다이어트를 더 잘 소화한다는 것을 발견했다. 마음챙김 훈련을 통해 개발된 '일방적으로 판단하지 않고 현재에 집중하는 의식'이 운동할 때 너무나도 흔하게 나타나는 '제자리걸음 현상(좋았던 취지가 몇 주 혹은 그 전에 무너지는 현상)'을 예방하는 데 도움이 됐을 것이라는 결론이었다. 식이요법을 하는 사람들을 위해 마음챙김을 도입하려고 했던 연구원들도 같은 사실을 알아냈다. 마음챙김 워크숍에 참석한 여성들은 6개월 후 일주일 동안 약 세 배 정도 더 많은 운동을 한 것으로 나타났다. 마음챙김을 수행하면 몸이 활동적인 방향으로 고무되는 것 같다. 아마도 자신의 몸과 몸이 필요로 하는 것에 대한 이해가 향상되기 때문일 것이다. 오리건주 유진의 연구원들은 오랫동안 명상을 했던 사람 중 꾸준히 운동하는 사람과 그렇지 않은 사람을 비교하기 위해 지원자를 모집했는데, 운동하지 않고 앉아서 명상만 한 사람은 전혀 찾을 수 없었다고 한다! 그들은 "명상하는 사람이라면 어떤 종류든 적당한 운동을 습관적으로 하는 것으로 나타났다"고 설명했다.

운동이 마음챙김에 도움을 주는 것처럼 마음챙김 역시 운동에 도움을 준다. 핀란드의 한 연구에 의하면 "신체적으로 활동적인 성인이 덜 활동적인 성인에 비해 더 나은 마음챙김 기술을 가지고 있다"고 한다. 앞서 이야기했듯 마음챙김은 그 자체만으로도 건강에 이롭다는 점에서 운동과 비슷하며, 마음챙김과 운동은 상호보완적인 측면이 있다. 이는 꼿꼿하게 앉아 많은 시간을 보내는 일본 선종 승려들의 전반적인 건강 상태가 평균치보다 나은 이유를 잘 설명해준다.

근무시간에 운동하는 시간을 따로 두는 것은 육체적인 이점 외에도 여러 가지 좋은 점이 있다. 첫째, 일과를 자연스럽게 끊어 갈 계기가 생긴다. 앞에서 이미 휴식의 중요성을 살펴봤으니 설명은 생략하겠다. 둘째, 오랫동안 앉아 있는 시간을 쪼개서 가벼운 운동을 하면 앉은 자세에서 오는 부정적인 영향을 상쇄하는 데 도움이 된다. 셋째, 직장 동료들과 함께 운동하는 방법을 찾을 수 있다면 추가적인 이점을 얻을 수도 있다. 덴마크 병원 세 군데에서 직원 대상 운동 프로그램을 도입했는데, 동료와 함께 운동한 직원이 보다 활기가 넘치고 퇴근 후에 통증과 고통을 덜 느꼈다고 한다.

운동은 얼마나 하는 게 좋을까? 그 대답은 대상에 따라 다를 것이다. 운동 부족만큼이나 운동 과잉 역시 해롭다. 부처는 두 가지 극단적인 경우를 모두 피하라고 충고할 것이다. 최근 한 국제 연구에서는 "건강과 장수를 위해서는 적당히 운동하는 것이 가장 좋다"고 결론 내렸다. 강도 높은 운동을 자주 하면 오히려 역효과를 낳을 수 있지만, 그걸 핑계로 계속 앉아서 지내는 삶을 고수하진 말자. 인도 불교의 현자인 샨티데바는 "신체는 보호하면 보호할수록 더 약해지고 퇴화한다"고 경고했다. 자신에게 적당한 압박을 가하는 것도 나쁘지 않을 것 같다.

많은 연구에서 유사하게 "일주일에 몇 번 정도 짧고 여유롭게 조깅하는 것이 대체로 적절하다"라고 제안한다. 사실 어떤 운동을 하든 도움이 된다. 캐나다의 한 연구에서는 자전거로 출퇴근하는 직원이 자가용으로 출퇴근하는 직원보다 스트레스를 덜 받는다고 밝혔다.

나는 일어나자마자 1.6킬로미터를 달리는 것으로 하루를 시작한다. 동네에 코스를 정해놨기 때문에 일어나자마자 차를 마시거나 이메일을 확인하기에 앞서 옷을 입고 바로 밖으로 나가기만 하면 된다. 딱히 달리기가 빠른 건 아니어서 준비운동을 포함하면 10분 정도 걸린다. 별로 대단한 일은 아니지만 나의 정신적, 육체적 건강에 변화를 주는 것만은 확실하다.

부처는 매일 신체 활동을 위한 시간을 따로 두었다. 우리도 그렇게 해야 한다. 신체를 돌보는 일이 필수적이라는 것을 유념해야 한다. 우리의 몸은 소중하다. "몸은 빌려 온 물건과 같다"라고 산티데바는 말했다. 삶 속에서 하는 일, 놀이, 사랑, 명상을 포함한 모든 일은 몸으로 한다. 몸을 가장 잘 돌보는 방법은 런던의 버스 안내원들처럼 그리고 부처처럼 사는 것이다. 우리는 계속해서 움직여야 한다.

신체 활동은 신체 건강, 정신 건강, 직장에서의 생산성 향상에 필수적이다. 각자 자신에게 잘 맞는 운동 형태를 찾아보자. 그리고 정기적으로 운동하자. 매일 사무실에서 활동적인 무언가를 해보자. 회사 안을 걸어도 좋고, 건물 주변을 산책해도 좋다. 몸이 우리에게 고마워할 것이고 마음도 고마워할 것이다. 그리고 직장 상사 역시 당신에게 고마워할 것이다.

## 깨기 위해 잠들어라

　부처는 스마트폰, 컴퓨터, 텔레비전, 라디오는 물론 심지어 책과 잡지가 나오기 이전에 살았다. 그때는 전등도 없었다. 그래서 해가 진 이후에 무언가를 할 때는 등불을 켜야 했는데, 등불을 밝히는 기름이 꽤 비쌌다.

　어두워진 후의 삶은 적잖이 따분했을 것 같다. 동이 틀 때까지 잠자는 것 말고는 할 일이 거의 없었다. 때문에 아마도 부처는 제자들이 잠을 너무 적게 자는 게 아니라 너무 많이 잘까 봐 걱정했던 것 같다. 불특정 다수를 대상으로 한 어느 설법에서 다음과 같은 구절이 나온다.

늦게 자고, 간통하고,

다투고, 해를 끼치고,

사악한 친구들을 만나고, 인색해지는

이 여섯 가지가 사람을 망친다.


믿기지 않겠지만 이보다 더한 구절도 있다. 부처는 "곡식을 잔뜩 먹인 뚱뚱한 돼지처럼 뒹굴며 잠이나 자는 게으르고 탐욕스러운 얼간이"라는 표현을 쓰며 더욱 날 선 비난을 하기도 했다. 찔린다!

오늘날은 상황이 많이 달라졌다. 손만 뻗으면 닿을 곳에 정신을 분산시키는 것들이 있으니, 이제는 수면 과잉이 아닌 수면 부족이 전염병처럼 퍼지고 있다. 베스트셀러 작가 아리아나 허핑턴은 자신의 경험담을 이야기한 『수면 혁명』(정준희 옮김, 민음사, 2016)에서 만성 수면 부족으로 인한 정신적, 육체적 붕괴를 묘사한다. 그녀는 "의식을 잃어 머리를 부딪치기도 했는데, 깨어보니 피가 웅덩이처럼 고여 있었다"고 말했다.

'아침에 깨워줘'처럼 일상적인 말도 허핑턴처럼 끊임없이 커피를 마시고 하루에 서너 시간밖에 자지 못하는 이들에겐 사뭇 다른 의미로 느껴질 것이다. 미국 인구의 약 6%는 주중에 5시간보다 적게, 40%는 6시간보다 적게 잔다고 한다. 짧은 수면은 비만, 당뇨, 심장병, 암으로 인한 사망, 심지어 자살에도 영향을 끼친다. 숱한 난관을 이겨낸다 하더라도 잠이 부족하면 비만이 될 수 있고 불행해질 수 있다.*

잠이 부족하면 직장에서 대가를 치르게 된다. 남들이 잘 시간에 마지막까지 머리를 쥐어짜서 이메일을 보내고 보고서를 작성하는 자신을 영웅이라고 생각할지 모르지만, 실제로는 그 반대에 가깝다. 최근 한 연구에 의하면 불면증은 과도할 정도로 잦은 결근과 일관된 연관성을 보이며, 사고 위험을 높이고 생산성 감소를 초래한다. 수면 부족은 우리를 회사의 인기 스타로 만드는 것이 아니라, 승진에 걸림돌로 작용할 수 있으며 직업 만족도를 떨어뜨릴 수도 있다. 또 다른 연구에서는 수면 부족으로 인해 평균 미국 근로자의 생산성 손실이 매년 7.8일에 달하며, 이로 인해 고용주는 직원 한 명당 약 2280달러의 손해를 보는 것으로 나타났다. '피로 관련' 생산성 하락에 관한 어느 연구에서는 불면증이 있는 직원 한 명당 3156달러의 손실이 있다고 밝혔다. 이는 잠을 잘 자는 직원의 두 배 이상이라고 한다. 이 비용은 회사에만 국한된 것이 아니다. 최근 경제 분석에 따르면, 수면을 1시간 늘리면 단기적으로는 1.1%, 장

---

* 나의 첫 번째 책 『부처의 식단(Buddha's Diet)』(타라 코트렐 공동 집필)에서 불면증이 우리를 얼마나 살찌게 하는지에 대해 이야기한다.

기적으로는 5%의 소득이 증가한다. 잠자는 시간이 늘어나면 실제로 일하는 시간은 줄어들어야 하지만 오히려 수입은 늘어날 수 있다는 의미다. 이 분석대로라면 상당히 많은 돈이다. 심지어 한 달 동안 커피숍에 바치는 돈은 계산에 포함하지도 않았다.

이 모든 것의 해결책은 잠을 더 자는 것이다. 간단하게 들리지만 쉽지는 않다. 그럼 어떻게 해야 잠을 더 잘 수 있을까?

일단 수면을 우선시하는 것으로 시작해보자. 회사에 지각하는 것만큼이나 늦게 잠드는 것을 걱정해야 한다. 잠을 제대로 못 자고 출근하면 업무까지 엉망이 될 수 있으니 오히려 후자를 더 걱정하는 게 맞을 수 있다. 아침에 일어나야 할 시간을 정하고, 거기에서 8시간을 빼보자. 아무리 늦어도 그 시간까지는 잠자리에 들도록 하자. 사실 그때는 이미 잠들어 있어야 할 시간이다.

잠들기 전에 치르는 의식을 만들어보자. 어떤 사람들은 책을 읽는 게 도움이 된다고 하는데, 종이로 된 책이라면 더욱 좋겠다. 일기를 써도 좋고, 허브차나 디카페인 차를 마셔도 좋다. 단, 잠을 청하려고 술을 마시는 건 멀리하도록 하자. 한두 잔은 잠을 청하는 데 도움이 될 수 있겠지만 숙면에는 방해가 된다(그 외에 다른 문제들도 초래할 수 있다). 야식은 피하고, 낮에는 운동을 해두자. 이 두 가지는 큰 효과가 있다.

타협의 여지가 없는 사항이 몇 가지가 더 있다. 첫째, 아마도 가장 중요한 건 밤에 핸드폰을 비롯한 전자기기의 사용을 중지하는 것이다. 미국인의 약 90%가 잠자기 전 1시간 동안 전자기기를 사용한다. 핸드폰이나 노트북 같은 '인터랙티브' 기기는 수면 장애를 가장 많이 일으키는 요인이다. 얼핏 무해해 보이는 전자책도 문제가 될 수 있다. 연구 결과에 따르면 종이책을 읽을 때보다 이러한 장치를 사용할 때 일반적으로 잠들기까지 더 오랜 시간이 걸렸고, 저녁 시간대의 졸음이 줄어들었다고 한다. 화면 밝기를 줄인다 해도 전자기기에서 나오는 빛은 멜라토닌 호르몬을 억제해 자연적인 수면 주기를 방해한다. 잠들기 전에 그저 장치를 잘 끄는 것 외에 대안은 없다. 이 점은 나를 믿어줬으면 좋겠다.

둘째, 어두워야 한다. 간단히 말해서 우리의 뇌는 어둠 속에서 자고 밝은 곳에서 깨어나도록 설계되어 있다. 이러한 자연의 섭리에 맞서면 신체 시계가 파괴될 수 있다. 최근 연구에 따르면 밤중에 밝은 빛에 노출되는 것은 다양한 수면 문제의 원인이 될 수 있다. 잠들기로 정한 시간보다 한참 전부터 조명을 낮춰보자. 깜깜한 곳에서 잠드는 게 정말 힘들다면 조금만 투자해서 괜찮은 안대를 사길 추천한다. 그 차이를 직접 느껴보면 아마 깜짝 놀랄 것이다.

어떤 이유에서건 밤에 충분히 잘 수 없다면 낮에 잠깐씩 자는 것도 고려해볼 수 있다. 낮잠은 게으름의 상징처럼 보이는 경향이 있지만, 감사하게도 이러한 오명은 점차 사라지는 추세다. 짧은 낮잠이 생산성을 높여준다는 증거도 있다. 또한 낮잠은 업무 성과를 향상시키는 효과도 있다. 중요한 건 조용한 장소를 찾아낸 뒤 너무 오래 자지 않는 것이다. 보통 15분에서 30분이면 충분하다. 이때 아까 얘기했던 안대가 아주 유용하게 사용될 수 있다.

참고로 부처도 낮잠 때문에 부끄러움을 당할 뻔한 적이 있다. 부처를 따르는 수도자 중 한 명이 낮잠을 잔다고 스승을 비판했다. 그 제자는 다른 스승들을 예로 들며 "그들은 낮잠 자는 것을 일컬어 '망상에 빠져 있는 행위'라고 한다"고 주장했다. 고대 인도에서는 스승이 제자에게 비판받는 것은 모욕적인 일이었으며, 부처도 이를 가볍게 여기지 않았다. 부처는 날이 너무 더웠고 방금 식사했다고 설명했는데, 어쨌든 중요한 것은 누가 깨달음을 얻었는가지 누가 낮잠을 잤는가가 아니었다(부처는 깨달음을 얻었고 그 제자는 그러지 못했으니 조용히 있어야지 별수 있나).

부처는 명상의 여러 가지 이점 중 하나로 숙면을 꼽았다. "평온한 사람은 잠을 푹 자고, 그로 인해 마음의 평화를 얻는다"
고 설명했다. "명상을 통해 마음이 해방된 사람은 잠을 잘 자
고, 행복하게 눈을 뜨고, 악몽을 꾸지 않는다"라고 설명한 적도
있다. 그 외에도 부처는 숙면의 수많은 장점을 나열했다.

오늘날에도 명상을 통해 이를 경험하는 이들이 있다. 한 임
상 연구에 따르면 6주간의 명상 교육을 받은 환자들은 수면
습관이 향상되었을 뿐만 아니라 우울증과 피로 증상도 줄어들
었다. 마음챙김 기반 치료를 통해 불면증과 수면 장애가 눈에
띄게 개선됐다는 이들도 있었다.

잠자리에 들기 직전에 명상을 할지 말지는 본인이 선택하면
된다. 어떤 이들은 자기 전에 하는 명상이 마음을 맑게 하고 잠
드는 데 도움을 준다고 한다. 반면 명상으로 인해 정신이 초롱
초롱해지고 잠이 달아난다는 이들도 있다. 후자의 경우라면 아
침에만 명상하는 게 낫다. 전통적인 불교 사원에서는 일반적으
로 두 가지를 다 하는데, 아침에 눈뜨자마자 그리고 밤에 불을
끄기 전에 마지막으로 명상하는 식으로 체계화되어 있다.

당신이 불을 끄고 침대에 누웠다고 상상해보자. 야식도 피했
고, 술과 카페인을 멀리했고, 낮에 운동을 했는데도 잠이 안 온
다. 이럴 땐 어떻게 해야 할까? 저녁에 주기적으로 좌식 명상을
하지 않는 사람이더라도 앞서 말한 몇 가지 방법이 긴장을 푸

는 데 도움이 될 수 있다. 침대에서 편안한 자세를 취한 뒤 발가락부터 정수리까지 모든 근육을 서서히 이완해보자. 그런 다음 다른 것에 집중하지 않도록 최선을 다하면서 자신의 호흡에 귀 기울여보자. 어떤 생각이 들면 그저 스쳐 지나가도록 하되, 빨려 들어가지 않도록 조심하자. 갑자기 보내야 할 메시지가 생각났더라도 핸드폰은 그 자리에 그대로 두자. 지금 당장은 모든 걸 내려놓고 잠드는 것보다 더 중요한 건 없다고 스스로 상기하자.

자신에게 효과가 있는 루틴을 찾으려면 약간의 실험이 필요하다. 계속 시도해보자. 잠은 나에게 줄 수 있는 훌륭한 선물이다. 일도 더 잘되고 기분도 좋아질 것이다. 잠에 들지 않으면 깨어날 수도 없다는 걸 기억하자.

## 진실도 상황에 맞게

많은 종교에서 거짓말하지 말라고 가르친다. 구약성서에서 거짓말하지 말라는 것은 십계명 중 하나다.[*] 이슬람교도 마찬가지로 거짓말을 중대한 죄로 간주한다. 불교도 예외는 아니다. 고의로 거짓말을 한 수도자는 자신의 실언을 고백해야 한다고 부처는 주장했다. 살인, 절도, 간통과 더불어 해서는 안 될 것으로 거짓말을 언급한 적도 있다. 이는 남녀를 막론하고 수도자뿐 아니라 평신도에게도 적용된다.

[*] 일반적으로 가톨릭과 루터교회에서는 여덟 번째이고 유대교, 정교회, 칼뱅교, 영국성공회에서는 아홉 번째다. 성경책에는 숫자가 명확히 나와 있지 않다.

하지만 부처가 알려주지 않아도 거짓말을 하면 안 된다는 건 누구나 알고 있다. 특히나 직장에서 거짓말하지 말아야 한다는 것은 상식이다. 그런데도 우리는 직장에서 진실을 말하지 않을 때가 많다. 어려운 상황에 닥치면 더더욱 그렇다. 어느 연구에 의하면 성인은 평균 하루에 한 번은 거짓말을 한다고 한다! 직장에서 거짓말을 할 가능성은 다른 사회적 환경에서보다 더 클 수 있다. 누군가가 어려운 질문을 하면 우리는 얼버무리거나 회피한다. 진심을 말하기보다는 무의미하고 어중간하게 대답한다. 상사가 어이없는 말을 할 때도 우리는 동의하는 척하며 고개를 끄덕인다. 왜 그런 걸까?

『실리콘밸리의 팀장들』(박세연 옮김, 청림출판, 2019)을 쓴 작가이자 래디컬 캔도어 기업의 공동 설립자인 킴 스콧은 우리가 직장생활을 하는 내내 "갈등 요소나 곤란한 상황을 피하라"고 배운다고 지적한다. 흔히 직장에서 성공하려면 문제를 일으키기보다는 모든 사람과 잘 지내는 쪽이 좋고, 그러려면 쓸쓸한 진실을 피하는 쪽이 유리하다고 생각한다. 그런데 스콧은 솔직함의 결과는 생각하는 것보다 훨씬 더 긍정적이라고 설명한다. 그는 "듣기에 편하지만은 않은 이야기를 꺼내야 할 때, 보통은 상대가 화를 내거나 앙심을 품을까 봐 두려워한다. 하지만 대부분은 대화로 풀어갈 기회를 주었음을 고맙게 여긴다"

고 했다. 즉, 자신에게 거짓말하는 걸 좋아하는 사람은 없다는 이야기다.

하지만 정직함이라는 건 참 미묘한 지점이 있다. 부처도 이 점을 잘 이해하고 있었다. 사실이라고 해서 지금 당장 말하기에 무조건 적합한 것은 아니다. 난 우리 할머니에게 이 점을 설명하지 못했다. 할머니는 나의 선택에 대해 본인의 생각을 이야기하지 않고는 못 배기는 성격이셨다. 그게 스웨터에 관한 것이든 직장에 관한 것이든 상관없었다. 직장 동료 중에도 이 점을 이해하지 못하는 사람이 셀 수 없을 정도로 많았다. 그들은 틈만 나면 동료를 폄훼하는 말을 했다. 진솔한 피드백이라는 명목으로 그다지 해롭지 않은 실수도 지적하곤 했다. 정직하고 싶다고 해서 재수 없는 사람이 될 필요는 없다.

부처는 무엇이 '올바른 말'을 구성하는가에 대해 수없이 이야기했으며, 그것이 열반으로 향하는 데 필수적이라고 믿었다. 진실은 그 구성 요소 중 단 한 조각에 불과했다. 비록 하려는 말이 사실이라 할지라도, 부처는 입을 열기 전에 스스로 몇 가지 질문을 해보길 제안한다. 도움이 되는 말인가? 지금이 이 말을 하기에 적절한 때인가? 선한 말인가?

먼저, 도움이 되는 것에 관해 이야기해보자. 동료가 흉물스러운 구두를 신고 출근했다고 해서 당신에겐 그것을 지적할 의

무가 없다. 무능한 동료가 해고됐을 때 "여태까지 버틴 게 신기하네요"라고 말할 필요는 없다. 생각해볼 건 그 말의 사실 여부를 떠나 '상대방이 들어야 하는 말인가'이다. 그런 말을 듣는 것이 어떤 식으로든 상대에게 도움이 되는지를 생각해볼 필요가 있다.

우리는 비판을 받아들이는 능력에 한계치가 있다. 실패한 프레젠테이션이나 보고서에 대한 피드백을 요청받았을 경우, 개선의 여지가 있는 부분을 두 개 정도 이야기하는 것이 가장 도움이 된다. 나머지는 다음 기회를 위해 남겨두는 것이 좋다. 동료가 피드백을 요청했을 때 당신에게 원하는 바가 정확히 무엇인지를 미리 파악할 수 있다면 더 좋다. 상관에게 승인받을 수 있을지를 물어보려는 것이라면 어법이나 작성 방식에 대해 하나하나 지적해봤자 별로 반기지 않을 것이다.

직장에서 같은 이야기를 끊임없이 반복해서 토론한다면 일을 처리할 수 없다. 나는 스스로 이렇게 되뇌는 걸 좋아한다. '똑똑하고 좋은 의도를 가진 사람들과 함께 일하고 있다면, 차선책도 최선책만큼이나 좋을 것이다.'* 무언가에 대해 확신이

---

\* 만약 똑똑하고 좋은 의도를 가진 사람들과 함께 일하지 않는다고 생각한다면 떠나야 할 때일지도 모른다. 차선책이 좋은 결정이 되리라는 믿음이 생기지 않는다면, 자신이 속한 팀이나 해결해야 할 일에 대해 더 깊은 의구심을 갖게 될 수 있다.

들더라도 팀이 나아갈 수 있도록 자신의 의견을 제쳐둬야 할 때가 있다. 토론을 더 해도 상대의 마음이 바뀌지 않으리라는 것이 분명할 때, 반대의 목소리를 계속 내는 것은 도움이 되지 않는다.

부처는 '무엇' 못지않게 '언제'에 대해서도 고민했다. 앞서 언급했듯 논쟁의 여지가 있는 주제로 팀원들이 애를 먹고 있다면, 앞으로 느낄 불안과 의혹은 겉으로 드러내지 않는 것이 나을 수 있다. 많은 이들은 공개적인 비판에 대응하는 것에 서투르다. 많은 사람이 참석한 회의에서 일에 대한 피드백을 주는 건 아무리 그 의도가 좋다 하더라도 적합하지 않을 수 있다. 상사에게 심한 꾸중을 들은 사람에게 "나도 그 상사 의견에 동의해"라고 말하는 것은 적절하지 않다. 중요한 고객을 상대로 부담이 큰 프레젠테이션을 마치고 나온 사람에게 "잘 안된 것 같은데"라고 말하는 건 잘못됐다. 당사자도 곧 그 사실을 알게 될 것이고, 만약 스스로 깨닫지 못한다면 그때 이야기를 꺼내면 된다.

적절하지 않은 순간에 옳은 말을 하는 것은 아무 말도 하지 않는 것보다 훨씬 나쁠 수 있다. 듣기 괴로운 진실일 경우 더더욱 그렇다. 진실을 말하는 것만큼이나 적절한 시기를 찾는 것도 중요하다고 생각했기에 부처는 이렇게 말했다.

"내가 가장 훌륭하고 숭고하다고 생각하는 이는 비난받을 만한 사람을 비난하는 사람이다. 그 비난은 정확하고 진실하며 시기적절해야 한다. 칭찬받을 만한 사람을 칭찬하는 사람 또한 훌륭하고 숭고하다. 그 칭찬은 정확하고 진실하며 시기적절해야 한다."

다시 말해, 칭찬을 하든 비난을 하든 중요한 건 타이밍이다.

'올바른 말'에 대한 부처의 마지막 충고는 타인에게 친절해야 한다는 것이다. 이것은 가장 어려우면서도 필수적이다. 그렇다고 모든 말을 꿀 바른 듯 달달하게 해야 한다는 건 아니다. 하지만 가장 직접적인 비판이라 할지라도 부처의 표현처럼 '사랑을 담은 친절한 마음으로' 말할 수 있다.

반드시 기억해야 할 건 상대를 배려하고 그 사람이 한 일에 대한 비판을 아끼는 것이다. 아무리 일을 엉망으로 하는 사람이어도 당신에게 존중받아 마땅한 사람이다. 비단 비평할 때뿐만 아니라 어떤 식으로 상호작용을 하든 존중하는 마음은 반드시 있어야 한다. 동료와의 신뢰는 상대방의 애인이나 배우자 혹은 자식의 안부를 묻고, 아픈 데는 없는지, 안 좋은 일은 없는지, 휴가는 어떻게 보냈는지 등의 안부를 물으면서 쌓인다. 당신의 동료들은 전인적(全人的)인 존재로 대우받길 원한다. 진심으로 돕고자 하는 마음에서 한 말이라는 걸 알면 비판을 훨씬 잘 받아들일 것이다.

우리가 피드백을 받는 상황일 때도 마찬가지다. 동료의 비평 기술이 미숙하더라도 그 비판을 자신이 아닌 자신의 일에 대한 피드백으로 받아들이자. 그 피드백에 동의하든 안 하든 그 대화를 개인적인 감정으로 받아들이지는 말자. 아무리 혹독한 비판을 들어도 그를 미워하지 말라고 부처는 조언했다. 심지어 "그가 손잡이 두 개 달린 톱으로 당신의 사지를 하나하나 잘라낸다 해도 미워하지 말라"며 간곡히 부탁했다. 내가 한 일이 공격받는다고 느껴지면 정말 그런 기분이 들 수도 있다.

또 한 가지 명심해야 할 것은 대부분 이메일, 문자, 전화로 소통할 때보다 직접 대면했을 때 잔인한 말을 하기가 더 어렵다고 느낀다는 점이다. 이는 직접 비판하는 쪽이 훨씬 안전하다는 것을 의미한다. 몇 년 전에 같이 일했던 한 상사는 상대가 누구든 이메일로 부정적인 말을 하지 말라고 알려줬다. 그런데 이 조언은 늘상 잊고 지내다가 왜 항상 이메일을 보낸 직후에야 생각이 나는지 모르겠다. 전자기기의 힘을 빌려 소통할 땐 자신의 어조가 어떤지 스스로 판단하기 어렵다. 뿐만 아니라 상대가 피드백을 어떻게 받아들이는지와 관련된 미묘한 신호들을 놓치게 된다. 반면 상대와 직접 이야기를 나눌 땐 자신이 어떻게 말하고 있는지 알 수 있고, 상대방이 어떻게 듣고 있는지도 감지할 수 있다. 자신의 말이 의도와는 다르게 전달되고 있음을 감지한다면 어조나 표현에 변화를 줄 수 있다.

관리 감독자의 위치에 있다면 친절에 대한 이러한 가르침은 특히 까다롭게 와닿을 수 있다. 솔직한 피드백을 주는 것이 본인의 업무이기 때문이다. 관리직에 있는 많은 이들은 친절해지려고 과하게 노력하는 경향이 있다. 이를 두고 킴 스콧은 "관리자의 위치에서 저지르는 실수 중 대부분은 바로 이 '파멸을 불러오는 공감력'에서 비롯된다"라고 표현했다. 직장에서 피드백을 주는 주된 목표는 일반적으로 누군가를 기분 좋게 하는 것이 아니라 일을 더 잘하도록 돕기 위함이다.*

정직한 피드백은 잘 전달됐을 때 두 가지를 모두 이루기도 한다. 직접 말해야 한다는 것, 그 사람보다는 그가 한 일에 비판의 초점이 맞춰져야 한다는 것을 명심하자. 인도의 승려 샨티데바는 부처의 가르침을 다음과 같이 요약했다.

"자신감 있게 말하되 단어 선택은 신중하게 하라. 말하는 의미가 명확해야 한다. 마음을 기쁘게, 귀를 즐겁게 하고, 부드럽고 천천히, 연민에서 비롯된 말을 하라."

---

\*  여기에는 예외가 있다. 나와 함께 일한 사람 중에는 암에 걸렸다거나, 가까운 사람이 아프거나 혹은 죽었거나, 결혼생활이 파멸로 치달아 괴로워하는 이들이 있었다. 그러한 상황에서 비판적인 피드백을 주는 건 부적절하다. 그때는 위로하는 게 우선이다. 일에 대한 비판은 나중에 해도 된다.

이런 피드백을 전달한다면 매우 훌륭한 관리자가 될 수 있다.

분명히 짚고 넘어가자면, 그렇다고 해서 부처가 거짓말을 해도 좋다고 한 것은 아니다. 전통적인 수도자 행동 강령을 보면 거짓말을 금하는 규칙에 예외가 적용되는 상황은 거의 없다. 부처는 너무 급하게 이야기해서 본의 아니게 말실수하는 경우와 의도와는 달리 단순히 말을 잘못 꺼내는 경우는 허용했다. 두 경우 모두 할 수 있을 때 실수를 바로잡아야 하지만, 부처의 규범에 어긋나는 것으로 여겨지지는 않는다. 하지만 부처가 허용하는 범위는 여기까지다. 부처는 아들에게 "나는 농담으로라도 거짓을 말하지 않을 것이다"라고 했다.*

부처는 말하기 전에 생각하기를 권장했다. 때로는 적을수록 더 좋다는 것을 기억하자. 부처는 침묵을 좋아했고, 언제 멈춰야 할지 아는 것을 중요하게 생각했다. 이 책에 나오는 수많은 조언이 그렇듯, 최선의 길은 진중한 고찰과 균형에 있다. 말하기 전에 생각하자. 적절한 때와 장소를 고려하고 올바른 단어를 선택하자. 부처는 이렇게 말했다.

"천 마디의 무의미한 말보다 듣는 이에게 평화를 주는 의미 있는 한 마디가 낫다."

---

* 뒤에서 설명하겠지만, 부처는 훌륭한 아버지가 아니었다. 하지만 그의 아들은 결국 승려가 되었고 부처의 승가에 들어갔다. 부처는 아들을 훈련시키기 위해 최선을 다했다.

## 깨달은 자들의 논쟁

부처는 진실하게 말하는 것을 중요시했지만 한편으로는 논쟁에 대해 많이 걱정했다. 수도자 강령에 따르면 승가에 분열을 초래하는 것은 큰 위배 사항으로 간주됐다. 즉, 과도한 논쟁은 금지됐다. 아마도 부처는 당시 인도에 있던 요가 및 명상학파들이 분열되는 것을 목격했을 것이고, 제자들이 같은 우를 범하지 않기를 바랐을 것이다. 많은 시간을 함께 보내는 집단 내에서 충돌이 쉽게 일어날 수 있다는 걸 부처는 알고 있었을 것이다. 특히 제자들이 스승의 가르침대로 진실만을 말한다면 충돌은 예정된 것이나 다름없었다. 걷잡을 수 없을 정도의 분쟁을 일으키는 것은 어머니를 살해하는 것과 더불어 '오역죄(여기는 즉시 지옥에서 환생하게 되는 다섯 가지 죄)' 중 하나로 열거된다. 부처는 분쟁을 일으키는 것이 그 정도로 나쁘다고 생각했다.

그래서 부처는 건전하게 반대 의견을 내는 방법을 찾는 것이 공동체의 생존에 필수적이라고 느꼈다. 제자들은 건설적으로 논쟁하는 한편, 분쟁을 원만히 해결하는 방법을 배워야 했다. 이는 직장에도 적용된다. 업무에서 어느 정도의 갈등은 불가피하겠지만, 억제하지 않으면 통제 불능이 될 수 있다. 분쟁은 사소해 보이는 '업무 내 갈등'에서 시작되는데, 이는 근본적으로 어떤 일이 어떻게 완수되어야 하는지에 대한 의견 차이다. 그러나 이러한 갈등이 '관계의 갈등', 즉 개인적인 문제로 변형될 때 상황은 복잡해진다.

부처가 수도자들에게 전한 조언을 잘 살펴보면 직장생활에도 적용 가능한 지혜를 찾아볼 수 있다. 가장 중요한 것은 '정정당당하게 싸우기'이다. 누군가가 당신에게 어떤 질문을 했을 때, 그 사람을 공격하고 조롱하거나 사소한 실수를 지적하지 말라고 부처는 충고했다. 기본적으로 타인을 괴롭혀서는 안 된다. 부처는 그런 식으로 말하는 사람은 '대화에 부적합'하다고 말했다. 나도 그렇게 생각한다.

사람이 아닌, 그 사람의 생각에 초점을 맞추는 것도 중요하다. 앞서 이야기했듯 부처는 진실을 매우 가치 있게 여겼다. '누가 옳은가'보다 '무엇이 옳은가'가 더 중요하다. 직장에서의 토론이나 논쟁의 목표는 이기는 것이 아니라 진실을 발견하는 것이어야 한다.

화려한 언변으로 점수를 따려 하거나 의도하지 않은 말실수를 물고 늘어지는 것은 별로 가치가 없다. 상대방의 실력이 좋은지 나쁜지를 떠나서, 서로가 낼 수 있는 최선의 반대 의견과 맞서는 것이 결국 모두를 위해 도움이 된다. 팀 내 두 사람이 서로 다른 의견을 낼 때 종종 권하는 훈련이 있다. 최선을 다해서 상대방의 의견을 요약해보는 것이다. 억지로라도 반대 진영의 논리를 훑어보고 가능한 한 그 입장을 호의적으로 표현하려고 노력하는 것은 공통된 의견을 찾는 데 도움이 된다. 그러다 보면 상대에게 설득되어 마음이 바뀌기도 한다!

이런 생각을 하다 보면 회의가 무엇인지를 돌아보게 된다. 직장에서 있었던 일들을 회상하며 '회의를 더 자주 하면 얼마나 좋을까?'라고 아쉬워하는 사람은 거의 없을 것이다. 하지만 회의는 많은 조직에서 업무를 수행하는 중요한 방법으로 취급된다. 그리고 대부분의 직장 내 논쟁이 마무리되는 곳 또한 회의실일 것이다.

이 책에서 언급하는 많은 것이 그렇듯 회의 역시 너무 많이 해도 좋지 않고 너무 적게 해도 좋지 않다. 회의를 너무 많이 했을 때 발생하는 문제는 명백하다. 회의에서 결정되는 모든 것을 실행할 시간이 부족해진다. 너무 잦은 회의는 악순환을 촉발할 수도 있다. 예전에 거의 모든 사람이 늘 회의에 참석하는 회사에서 일한 적이 있다. 그렇다 보니 누군가와 의논이 필요할 때 그가 자리에 없는 경우가 대부분이었다. 이때 그 사람과 이야기할 수 있는 유일한 방법은 따로 회의를 잡는 것이다. 회의가 많아질수록 문제는 더 커졌다.

회의를 너무 적게 한다는 건 그 자체로 모순이라고 생각할지 모르지만, 이 경우에도 문제는 생길 수 있다. 나는 한때 회의 일정을 따로 잡지 않는 스타트업에서 일한 적이 있다. 이러한 방식의 장점은 모두가 체계적으로 짜인 시간의 틀에 구속받지 않고 진지하고 사려 깊게 일할 수 있다는 점이었다. 누군가와 대화가 필요하면 그 사람을 쉽게 찾을 수 있었다. 하지만 많은 사람과 동시에 대화하기는 매우 어려웠다. 필요한 사람들을 모아 즉흥적인 회의를 하기도 했지만, 으레 한 명쯤은 이 갑작스러운 회의에 자신이 필요하지 않다고 판단해 다른 일을 하곤 했다. 회의 일정을 미리 알리지 않으면 그 자리에 필요한 모든 사람이 한 번에 모일 수 있을지 확신할 수 없다.

대부분의 회의는 의사 결정과 정보 공유의 두 카테고리로 나뉜다. 의사 결정 회의는 일반적으로 모든 참석자(최소한 대부분의 참석자)가 참여하는 활발한 토론인 반면, 정보 공유 회의는한 사람이 이야기하고 나머지는 경청하는 식의 수동적인 형태인 경우가 많다. 후자가 쓸모없다고 말하는 이들도 있다. 한 명이 다수에게 말하는 소통 방식에는 이메일을 비롯한 온라인 소통 수단이 낫다는 의견이다. 나는 여기에 동의하지 않는다. 동료에게 직접 이야기를 듣는 것은 여전히 그것만의 장점이 있다. 미묘한 뉘앙스와 감정은 글이나 실시간 동영상으로는 좀처럼 전달되지 않는다. 어떤 의미에서는 부처가 한 모든 강연도이런 종류의 회의라고 생각할 수 있다. 그 회의들은 제자들이부처의 말을 달달 외워버릴 정도로 너무나 값졌다!

또한 회의는 그 규모가 너무 커서 좋지 않은 경우도 있고, 반대로 너무 작아서 좋지 않은 경우도 있다. 의사 결정 회의는규모가 너무 클 때 위험이 따를 수 있다. 일반적으로 그 결정을 내리는 데 필요한 모든 사람을 초대하는 게 맞지만, 그 이상은 안 된다. 여기서 엄격해져야 하는 이유는 참가자가 많으면 토론의 질이 빠르게 떨어지기 때문이다. 반면에 두 사람이하는 대화는 매우 효율적이다. 각자 자신의 요점을 제시하고다른 사람에게 즉시 응답할 수 있기 때문이다. 일단 세 사람이 모이면 대화가 오가는 방식이 더 까다로워지고, 그때부터 더 나빠지기만 한다. 더 많은 사람이 관여할수록 옆길로 새지 않고 목적지를 향해 나아가기는 더 어려워진다.

일반적으로 일부 인원이 회의에 전혀 개입하지 않는다면, 그 의사 결정 회의는 규모가 너무 크다고 볼 수 있다. 또는 토론 내용이 한 바퀴를 돌아 다시 원점으로 오는 형태를 띠어도 마찬가지다. 이런 문제가 발생하면 잠시 회의를 중단할 것을 요청한 다음, 적은 인원으로 회의를 진행하자고 제안한 뒤에 문제를 해결하고 계속해서 진행하는 것이 좋다.

정보 공유 회의에서는 보통 인원이 너무 적은 것이 문제가 될 수 있다. 이런 회의에선 정보를 공유해야 하는 모든 사람이 참여해야 한다. 어차피 말하는 사람은 한두 명이니 참석자가 늘어날수록 청중만 늘어나는 셈이므로 회의를 더욱 효율적으로 만들 수 있다. 이런 상황에선 초대에 관대해야 한다.

흔히 자신이 주최하는 회의가 둘 중 어떤 종류인지를 모르거나 양쪽에 조금씩 걸쳐 있을 때 어려움을 겪는다. 후자의 경우엔 회의의 규모를 줄이는 동시에 늘리고 싶어 하는 내적 갈등을 해결해야 한다. 이러한 하이브리드 형태의 회의는 둘로 나누는 것이 가장 좋을 수 있다. 의사 결정을 위한 소규모 회의를 진행한 뒤, 거기에서 결정된 사항을 큰 규모의 회의에서 공유하면 된다.

사람들은 회의 초대 여부를 자신의 위치를 가늠하는 척도로 보기도 한다. 의사 결정 회의가 소규모로 유지된다면, 그 자리에 초대됐다는 것만으로 중요하고 필수적인 사람임을 의미할 수 있다. 나는 분명 오랫동안 그렇게 느꼈다. 중요한 회의에 참석하기 위해 경쟁했고, 초대받지 못했을 땐 분개했다. 바로 이점 때문에 회의 규모가 커지기도 한다. 우리는 누군가를 소외시켜서 상처 주는 것을 싫어한다. 딸들이 다니던 어린이집 선생님은 "한 명 더 들어갈 자리는 늘 있다"는 말을 자주 했다. 놀이터에서 또는 파티에서 많은 이들을 포용하는 아주 멋진 정신이다. 나는 이 정신을 따르려고 노력한다! 하지만 이 말을 회의에 적용하면 낭패를 볼 수도 있다.

경력이 쌓일수록 나는 회의 초대장에 대해 전혀 다른 감정을 갖게 되었다. 이제 회의에서 제외되면 속으로 쾌재를 부른다. 나 없이도 결정을 내릴 수 있다는 건 그들에게 제대로 일을 전달하고 힘을 실어줬음을 의미한다. 잘은 몰라도 내가 뭔가 잘하고 있는 것이 틀림없다. 나는 내가 꼭 필요한 회의에만 초대받고 싶다. 참석하더라도 다음번에는 내가 없어도 되게끔 만들고 싶다.

최근 몇 년 동안 나는 회의에서 적용하는 몇 가지 기본 규칙을 만들었다. 첫째, 말하고 있거나 말하려는 사람을 방해하지 않는다. 듣기엔 쉬울 것 같아도 실제론 절대 그렇지 않다! 말하는 중간에 끼어드는 걸 용인하는 회의 문화가 흔하다 보니 정식으로 차례를 기다리는 사람은 아예 말을 못 할 수도 있다. 그럼에도 나는 사람들을 방해하지 않으려고 의식적으로 노력하고, 다음 차례에 말하고 싶다는 신호를 보내는 방법을 찾으려고 힘쓴다. 회의에서 끼어드는 행위는 매우 전염성이 강한데, 반대로 자신의 차례를 기다리는 것도 놀라울 만큼 전염성이 강하다. 당신이 끼어드는 걸 멈추면 다른 사람도 그렇게 하는 걸 체험하게 될 것이다.

둘째, 의사 결정 회의에서 모든 사람에게 발언 기회를 보장하려 애쓰고, 누군가가 대화를 독점하는 일이 없도록 신경 쓴다. 참석 인원이 올바르게 구성되어 있다면 그곳에 있는 모든 사람은 반드시 회의에 참여해야 한다. 그렇지 않다면 그 사람은 초대되지 않았어야 한다. 온전히 구경만 하는 사람이 있다면 좋은 의사 결정 회의라고 할 수 없다. 하지만 종종 한두 사람이 토론을 지배하고 몇몇은 전혀 말하지 않는 광경을 보게 된다. 물론 그 자리에 적합하지 않은 사람이 초대됐을 수도 있다. 이 경우 위에서 언급했듯 회의 일정을 변경해 소규모 그룹으로 진행하자고 제안할 수 있다. 그렇지만 문제는 목소리를 내고 싶어도 발언 기회를 얻지 못한 사람들이 있고, 그 내용이 매우 중요할 수도 있다는 점이다. 나는 조용한 참석자들이 발언할 수 있도록 격려하는 편이다. "○○의 의견은 못 들어본 것 같은데……"라고 말하는 건 다른 사람들을 위해 길을 터주는 좋은 방법이다.

셋째, 앞에서 이야기했던 의견 충돌과 관련된 규칙을 따르려고 노력한다. 회의의 목적은 누군가의 자존심을 세워주는 것이 아니라 올바른 결정을 내리는 것이다. 최선의 결론에 도달하기만 한다면 누가 옳았는지는 중요하지 않다. 회의에서 오간 논쟁을 개인적인 감정으로 받아들여서는 안 된다. 인신공격을 당한 듯한 기분으로 회의실을 나가는 사람이 있어서는 안 된다. 심지어 논쟁에서 '진' 쪽에 있는 사람들도 자신의 의견을 경청해줬다는 느낌을 안고 회의실을 떠날 수 있어야 한다.

마지막으로, 완벽함에 집착해서는 안 된다. 나중에 최선의 결정을 내리는 것보다 지금 '괜찮은' 결정을 내리는 쪽이 더 유익할 수 있다. 다시 말하지만 똑똑하고 좋은 의도를 가진 사람들로 가득한 회의실에서 나온 결론이라면, 차선책이라 해도 충분히 좋은 결정일 것이다.

회의는 많은 이들에게 스트레스 요인이 되기도 하지만, 한편으로는 매우 생산적일 수 있다. 최초의 승가에서는 매달 초하

룻날과 보름날에 회의를 열어 수도자 강령을 암송하고 최근에 위반한 사례를 고백하는 시간을 가졌다. 모든 비구와 비구니들이 참석했고, 모두 토론에서 발언했다.

보름에 한 번꼴로 회의를 열면 직장인 대부분은 치를 떨 것이다. 하지만 우리는 우리가 참석하는 모든 회의가 의미와 효율성을 갖도록 할 수 있다. 다른 사람들의 말을 경청하고, 자신의 견해에 지나치게 집착하지 않으려고 할 수 있다.

아마도 동료와 싸우는 걸 진심으로 즐기는 사람은 없을 것이다. 부처는 모든 존재가 증오, 적개심, 원한 없이 살고 싶어 하며, 평화롭게 살기를 원한다고 믿었다. 우리 또한 대체로 그렇게 느끼리라 확신한다.

헌신적인 사람들로 구성된 건강한 집단이라면 다양한 의견이 나올 수 있다. 깨달은 사람들이라 할지라도 이따금 타인의 의견에 동의하지 않을 수 있음을 불교 대가들의 모임에 참석해보면 알 수 있을 것이다. 하지만 동료들과 의견이 달라도 평화롭게 살 수 있다. 여기에서 이야기한 기본적인 규칙들을 기억한다면 직장에서의 논쟁이 통제 불가능한 상태까지 치달을 일은 없을 것이다.

## 야망을 갖고 싶다면?

모든 고통이 끊임없는 갈망에서 비롯된다면, 우리는 일이라는 개념을 어떻게 이해해야 할까? 일에서 성공을 거두려면 우선 성공을 갈망해야 하지 않나? 좀 더 정확히는 지금보다 더 성공적이길 원해야 하는 거 아닌가? 그러려면 어느 정도의 노력은 불가피하다. 노력하지 않고도 성공할 수 있을까?

여러 측면에서 봤을 때 승려들은 전통적으로 야망을 갖지 않기 위해 전념했다. 동남아시아의 소승 불교에서는 여전히 그렇게 하고 있다. 그들은 매일 아침 음식을 공양받으러 나가고, 음식을 비축하는 것도 엄격히 금지돼 있다. 소승불교 수도승들은 매우 현실적인 의미에서 말 그대로 빈손으로* 하루를 시작하며, 살아가는 데 필요한 모든 것(적어도 영양 공급의 관점에서)을 지역사회에서 제공받고자 한다. 어떠한 형태로든 재산을 축적하는 것이 금지되기 때문에 일상생활에 필요한 수준 이상의 물질적 소유를 위해 노력할 이유가 없다. 추가로 기부받은 식량도 결국엔 그냥 나눠 줘야 하므로 더 오래, 더 효과적으로 걸식하는 것은 아무런 득이 되지 않는다. 식량이든 구호품이든 필요 이상으로 받으면 그저 짐이 될 뿐이니 잠재적으로 낭비하는 양만 늘어나는 꼴일 수 있다.

이러한 시스템이 잘 돌아가는 이유는 현재에도 과거에도 모든 사람이 수도승은 아니기 때문이다. 누군가는 미래를 생각해야만 했다. 누군가는 계절에 따라 농작물을 심고 수확해야만 했다. 누군가는 계획을 세우고 먹을 것을 준비해야 했다. 결국 누군가는 수도승들이 사는 사원을 짓고 그들이 걸어 다니는 길을 닦을 기부금을 내기 위해 충분히 돈을 벌어야 했다.** 불교도들은 평신도의 지지로 수도자가 진리를 퍼트리는 형태가

---

* 말 그대로 아무것도 없다. 허용되는 건 승복 세 벌, 그릇, 면도기, 식수용 여과기, 바늘과 실 뿐이다.

** 1950년대에 티베트를 침공한 중국은 사원 제도를 폐지했다. 이때 중국은 티베트 승려들이 게으른 생활을 함으로써 열심히 일하는 평민들을 착취한다고 주장했다. 티베트인들이 기꺼이, 심지어 열정적으로 이 시스템을 지지했다는 사실은 세뇌되었다는 신호로 여겨졌다.

서로에게 득이 된다고 생각하는 듯하다. 이것이 공정한지 아닌지를 논하기 이전에, 앞날에 대한 계획을 세우는 사람은 늘 있기 마련이므로 승려들이 살아가는 방식에는 변함이 없다.

그럼 애당초 수도자가 되려는 사람이 왜 있는 걸까? 분명히 돈을 위해서는 아니다. 비구와 비구니들은 돈을 다루는 것조차 금지된다. 부를 과시하는 화려한 집이나 옷 때문도 아니고, 성관계나 마약을 위해서도 아니다. 지금 열거한 것들은 모두 금지 사항이다. 하지만 그들 중 다수가 적어도 무언가를 좇고 있다고 가정하는 것은 타당해 보인다. 집을 떠나 이러한 엄격한 규칙에 따라 생활하는 데에는 노력이 필요하다. 그 이면에는 분명 어떤 동기가 있을 것이다. 깨달음을 얻기 위해 애쓰는 것도 결국에는 애쓰는 것의 한 형태가 아닌가?

불교도들은 처음부터 이 역설에 직면했다. 부처에게는 궁궐을 떠난 이후의 세월이 목적 없는 방황이 아님이 명확했다. 거기에는 목적이 있었다. 싯다르타는 무언가를 찾고 있었고, 결국 그것을 발견했다. 만약 방황한 6년 동안 아무것도 이루지 못했다면 우리는 그를 부처라고 부르지 않았을 것이고, 사람들에게는 그저 오래전에 집을 나간 싯다르타 왕자, 양육비를 내지 않는 무책임한 아버지로 기억됐을 것이다.

마음챙김은 그 자체로 일종의 목표를 제시할 수 있다. 우리가 하는 모든 일에 관심을 집중시키는 것 말이다. 불교도들은 "할 가치가 있는 것은 무엇이든 잘할 가치가 있다"라는 격언을 굳게 믿는다. 일본 전역에 있는 선종 사찰에 가면 그 말을 눈으로 확인할 수 있다. 도자기를 빚거나 그림을 그리는 숙련된 장인뿐만 아니라 갈고리를 들고 말없이 마당을 정리하는 스님에게서도 이런 태도가 엿보인다. 당신이 하는 일이 무엇이든 항상 최선을 다하려고 노력하는 데에는 아무런 문제가 없다. 그 노력 자체가 바로 목표다.

불교도들은 이따금 장기적인 목표를 세우기도 한다. 새 사원을 짓는 일이든, 의대 과정을 마치는 것이든, 복잡한 스프레드시트를 작성하는 일이든, 계약을 체결하는 것이든 대형 프로젝트에는 시간이 걸린다. 목표가 없다면 우린 아무것도 이루지 못한다. 나도 목표가 없었다면 이 책을 쓸 수 없었을 것이다.

하지만 모든 목표의 가치가 동등하다고 할 수는 없으며, 모든 목표가 노력할 만한 가치를 지녔다고도 할 수 없다. 비교적 늦게 탄생한 불교의 분파들은 보디사트바(보살) 서약을 가장 높은 목표로 여겼다. 보디사트바는 부처가 될 잠재력을 지닌 완전한 깨달음을 얻은 존재지만, 다른 모든 존재가 고통에서 해방될 때까지 완전한 열반에 들어가는 것을 미루기로 결정한 자를 뜻한다. 그 목표 다음으로 숭고한 것은 개인적인 깨달음을 얻고자 하는 탐구인 것 같다. 이것이 다소 개인주의적으로 들린다면 이 점을 생각해보자. 전통적으로 이 목표를 높게 평가하는 이유는 자신이 직접 체험해보지 않고서는 타인이 고통을 극복하도록 진정으로 도울 수 없기 때문이다. 자신의 고통을 극복하지 못한 이는 이기적인 욕망에서 벗어나기 어렵다. 진정으로 타인을 돌보는 일에 헌신하고 싶다면 자신 또한 돌봐야 한다.

그렇다면 이것이 승진, 고객 찾기, 영업처럼 일과 관련된 목표와 무슨 상관이 있을까? 과연 월급 인상이나 보너스, 더 나은 곳으로 이직하는 것과 연관이 있을까?

건강하지 못하거나 부도덕한 목표는 주로 세 가지 문제적 근원인 탐욕, 증오, 망상에서 비롯된다고 부처는 말했다. 이 세 가지 중 하나로 동기부여 된 목표는 애초에 더럽혀져 있다. 반대로 오염되지 않은 목표라면 어떤 것이라도 문제없다.

이것을 실천하기는 조금 어려울 수 있다. 진정한 동기를 알기 위해서는 스스로 세운 목표를 꽤 깊게 들여다보아야 한다. 가족의 안전과 편의를 위해 봉급 인상을 원하는 건 잘못된 생각이라고 보기 어렵다. 하지만 단지 돈을 많이 버는 것만으로는 실패한 결혼생활을 바로잡지도, 방치된 아이들을 양육하지도 못한다. 그런 상황에서 필요한 건 돈이 아니라 사랑이다. 그

걸 다른 방식으로 생각하는 것은 우리를 잘못된 방향으로 이끄는 수많은 착각 중 하나일 뿐이다.

마찬가지로 지금보다 규모가 큰 팀이나 더 큰 책임이 주어진 환경에서 일을 더 잘할 수 있다고 생각한다면, 혹은 새로운 직업을 갖는 게 본인에게 더 잘 맞는다고 생각한다면 그건 그런대로 괜찮은 것 같다. 하지만 급여나 직함을 인생의 성적표처럼 취급하는 것은 탐욕의 징후라 할 수 있다.

증오하는 마음 역시 나쁘다. 이 점은 이미 알고 있으리라 생각한다. 앙갚음하거나 타인 위에 군림하기 위해 권력을 쥐려는 것은 결코 좋은 목표라고 볼 수 없다.

오랜 시간 명상한 사람들은 오히려 정반대의 문제에 부딪히기도 한다. 그들에겐 목표가 너무 작은 것이 문제가 된다! 계좌에 쌓인 돈이나 훌륭한 이력서가 진정한 행복을 가져다주지 않으리라는 걸 깨달은 사람은 어떤 방식으로 일에 집중해야 할까? 도대체 일이라는 게 무슨 의미가 있는가?

어느 지점에 도달하면 그 생각이 옳다. 모두 부질없다. 큰 저택에 산다고 해서 작은 오두막에 사는 사람보다 깨달음을 얻기에 유리한 건 아니다. 오히려 더 어려울 수도 있다. 부처가 궁궐에서의 삶을 두고 떠난 데엔 이유가 있다. 호화로운 삶은 싯다르타의 주의를 산만하게 만들었다. 하지만 고통과 박탈의 삶도 정답이 아니었다. 육체적 고뇌는 그 자체의 산만함을 만들었다. 부처의 가르침 안에 있는 모든 것과 마찬가지로 답은 균형, 즉 중도를 찾는 데 있다고 생각한다. 인생에서 물질적인 성공은 삶에 유용할 수 있고, 수련의 토대를 마련하는 데 도움이 될 수 있다. 그리고 모든 것은 상대적이다. 어떤 이들에겐 명상 수련회에 참가하기 위해 일주일 동안 일을 쉬는 것이 상상도 할 수 없는 사치로 들릴 수 있다. 또 어떤 이들에겐 절에 들어가 사는 것보다 50주 동안 뼈 빠지게 일해야 한다는 사실이 더 끔찍하게 느껴질 수도 있다. 일, 가정, 수련의 적절한 균형은 개인마다 다르게 느낀다. 직장을 그만두고 절에 들어가 살고 싶다면, 그리고 그렇게 할 여유가 있다면 난 절대 당신을 막지 않을 것이다. 하지만 생활비와 수련에 필요한 비용을 충당하기 위해 계속 일하고 싶다면 그것 역시 아무 문제없다. 목적이 순수하다면 어느 길로 가든 고귀할 수 있다.

두드러지게 뛰어난 목표도 때때로 우리를 산만하게 만드는 요소가 될 수 있음을 기억하자. 부처의 수제자 중 하나인 아난다에 대한 유명한 일화가 있다. 아난다는 부처의 설법을 거의 빠짐없이 들었고, 엄청난 기억력으로 그 가르침을 낱낱이 암송할 수 있었다. 부처가 세상을 떠난 후 제자들은 온전히 깨달음을 얻은 추종자 500명을 소집했다. 부처의 참된 가르침에 동의하고 후학에게 올바른 내용을 전파하기 위해서였다. 물론 그들은 아난다가 그곳에 와주길 원했다. 부처의 가르침에 대해서라면 아난다는 그 누구보다도 많이 알고 있었다. 그런데 문제가 있었다. 아난다는 아직 깨달음을 얻지 못했던 것이다.

　아난다는 너무 화가 났다. 다른 제자들이 예외를 두는 데 동의하여 499명의 깨달음을 얻은 이와 아난다가 모이기로 결정됐다. 문제는 해결됐다. 그러나 이 소식을 들은 아난다는 커다란 굴욕을 느꼈다. 아난다는 모임 전에 깨달음을 얻겠다고 맹세했다. 그럼 아무 문제가 없어 보였다! 이론적으로 그것은 더할 나위 없이 고귀한 목표다. 부처도 깨달음을 얻는 것을 하나의 목표로 삼았다. 하지만 현재가 아닌 미래에 극단적으로 초점을 맞춘 것이 아난다에게 걸림돌로 작용했다. 아난다의 동기에는 기본적으로 순수하지 못한 부분이 있었다. 고통을 끝내거나 다른 사람들을 돕기 위해 깨우침을 얻으려는 것이 아니라 모임에서 망신당하고 싶지 않았을 뿐이다. 아난다가 중요하게 생각한 건 욕심의 한 형태라고 볼 수 있는 자존심이었다. 최선을 다해 명상했지만, 그는 결코 목표에 도달할 수 없었다. 이러지도 저러지도 못하는 상황에 놓인 것이다.

　모임 전날 밤, 아난다는 벼랑 끝에 몰린 기분이었다. 부처가 깨달음을 얻을 때 그랬듯 아난다는 명상하며 밤을 지새웠다.

하지만 소용없었다. 아침이 됐지만 달라진 건 없었다. 시간이 다 지나갔다. 이제 자존심을 버리고 깨달은 자들의 모임에 깍두기로 참가할 일만 남았다. 깨달음을 얻는 데 실패한 아난다는 목표를 포기한 채 부족한 수면을 보충하려고 누웠다. 바로 그때! 아난다는 머리가 땅에 닿기 전에 비로소 깨우쳤다. 그에게 필요한 건 목표에 대한 집착을 버리는 것뿐이었다.

때때로 우리는 단지 해야 하기 때문에 일을 할 때가 있다. 하지만 자신이 하는 일에 자부심을 가지고 온전히 그것에 집중해야 한다. 탐욕이나 증오에서 비롯된 동기가 아니라면, 또 그 목표로 무엇을 성취하고 무엇을 성취하지 않을지에 대해 자신에게 솔직하다면 건전한 목표를 세우는 것은 아무런 문제가 되지 않는다. 그러나 목표가 집중을 방해하는 요인이 되어서는 안 된다. 목표를 내려놓는 것이 목표를 달성하는 데 가장 좋은 방법일 수도 있다. 때로는 그것이 유일한 방법이기도 하다.

## 요다는 틀렸다

목표를 세우는 것만으로는 충분하지 않다. 노력도 해야 한다. 그렇다. 우린 모두 노력해야 한다.

어떤 사람들은 부처가 '이런들 어떠하리 저런들 어떠하리'라고 말하는 낙천적인 성격의 소유자라고 생각한다. 중국 음식점에서 흔히 볼 수 있는 미소 짓고 있는 통통한 조각상(실제로는 부처가 아니지만*)이 심어준 고정관념일 수도 있다. 히피들이나 미국 록밴드 피시(Phish)의 팬들이 차고 다니는 염주도 이

---

* 그 조각상은 행운의 상징이 된 중국 출신의 통통하고 귀여운 수도승을 모델로 한 것이다. 이름은 일본어로 '호테이', 중국어로는 '부다이'인데, 많은 이들이 부처와 헷갈려 한다.

러한 이미지 형성에 한몫한다. 부처는 일반적으로 앉아 있거나 누워 있는 모습으로 묘사된다. 대개 평화롭고 만족스러워 보이며, 위엄 있고 현명해 보인다. 하지만 절대로 열심히 노력하는 것처럼 보이진 않는다.

사실 부처는 그냥 흘러가는 대로 사는 타입이 아니었다. 부처는 노력했다. 본인이 열심히 노력한 것은 물론이고 제자들도 열심히 노력하기를 바랐다. 이른바 '공을 들이는 것'에 신경을 많이 썼다. 부처는 "수도자가 도를 닦으려면 노력하고, 기운을 끌어올리고, 집중하고, 매진해야 한다"라고 말하며 깨달음은 저절로 얻어지는 것이 아님을 설명했다. 학자이자 승려인 비구 보디는 "자기 수양은 쉽지 않다. 그것은 부단한 노력을 요구한다. 노력을 대신 해줄 사람은 없다. 그것을 할 수 있는 사람은 자신밖에 없다"고 요약했다.

명상을 게으름으로 착각하기 쉬운 탓인지 부처 또한 노력의 반대에 해당하는 게으름을 걱정했다. 부처는 알코올중독, 도박과 더불어 인생을 확실히 망치는 방법으로 게으름을 꼽았다. 또한 과도한 게으름의 위험성을 꽤 구체적으로 설명했다.

"너무 춥다"라고 생각하면 사람은 일을 하지 않는다.
"너무 덥다"라고 생각하면 사람은 일을 하지 않는다.

"너무 이르다"라고 생각하면 사람은 일을 하지 않는다.

"너무 늦었다"라고 생각하면 사람은 일을 하지 않는다.

"너무 배고프다"라고 생각하면 사람은 일을 하지 않는다.

"너무 배부르다"라고 생각하면 사람은 일을 하지 않는다.

아무것도 할 수 없는 온갖 이유를 대거나 딱히 무언가를 해야 할 이유를 찾을 수 없는 날을 한 번쯤 경험해봤을 것이다. 그리고 아마 매일 그렇게 느끼는 것처럼 보이는 이들과 일해본 경험도 있을 것이다.

일터에서는 이런 현상을 '번아웃 증후군'이라고 부른다. 이건 심각한 문제다. 부처가 제시하듯 승진하는 것에서부터 영적 깨달음을 얻는 것에 이르기까지, 행할 가치가 있는 모든 것에는 노력이 필요하다. 노력하는 데 필요한 에너지를 낼 수 없다면 아무것도 얻을 수 없다.

직장에서 번아웃 상태가 되는 걸 피하면서도 노력하는 자세를 유지하는 열쇠는 스스로 즐길 수 있고 성취감을 느끼는 일을 하는 게 아닐까 생각한다. 이는 당연한 말처럼 들리는 동시에 불가능할 것 같기도 하다. 하지만 다행히도 항상 자신의 직업을 사랑할 필요는 없음을 시사하는 연구가 있다. 메이오 클리닉의 연구원들은 의사 수백 명을 대상으로 한 설문조사에서 광

범위한 주제를 놓고 업무 특성과 직업 만족도에 관해 물어봤다. 결과는 놀라웠다. 자신이 하는 일 중 좋아하는 부분에 최소 20%의 시간을 보낸 의사들은 그렇지 않은 이들의 약 절반에 가까운 탈진율을 보였다. 즉, 진심으로 좋아하는 일을 하면서 단 20%의 시간만 보내면 동기부여를 지속시키기에 충분하다는 이야기다.

이 연구에 따르면 그 이상의 시간을 보낸다고 해서 큰 차이가 나는 것은 아니었다. 의사마다 좋아하는 일이 무엇인지는 연구 결과에 지장을 주지 않았다. 어떤 이들은 환자들을 돌보는 것에서, 어떤 이들은 다른 의사들을 가르치는 데에서, 어떤 이들은 행정적인 일을 처리하는 데에서 가장 큰 성취감을 느꼈다. 무엇을 가장 의미 있게 여기는지는 중요하지 않았다. 20%의 시간을 할애한다면 그뿐이었다.

8시간을 근무하는 일반적인 하루를 기준으로 계산하면 20%는 1시간 30분이 조금 넘는다. 그렇게 긴 시간은 아니다. 출근하자마자 그 일을 가장 먼저 하는 것도 좋은 접근 방법이다. 다른 일을 한 것에 대한 보상으로 좋아하는 일을 남겨놓는 방법도 있다. 나는 두 가지 모두 시도해봤는데, 둘 다 효과가 있었다. 때로는 잠시 하던 일을 멈추고 자신의 삶에 의미를 찾아주는 일을 하고 있음을 깨닫는 시간을 갖는 것만으로도 충분할 수 있다. 가령 소매업이나 서비스업에 종사하는 사람은 고객과 대화하고, 고객이 필요로 하는 것을 찾아주는 일을 진심으로 좋아할 수도 있다. 미리 계획할 수 있는 건 아니겠지만 그런 식으로 자신의 직업을 특별하게 만드는 것이 바로 이 점이라는 사실을 매일 상기할 수 있다.

이처럼 균형을 찾는 데 도움이 되는 나만의 의식이 두 가지 있다. 첫째, 출근하면 그날 할 일을 목록으로 작성한다. 이 목록에는 해야 할 일도 있겠지만, 하고 싶은 일을 써넣을 수도 있다. 글로 적는 건 많은 도움이 된다. 잊지 않는 것은 물론 온종일 동기부여가 되는 효과도 있다. 둘째, 퇴근하기 전에 나의 하루를 되돌아보려고 노력한다. 어떻게 시간을 보냈는가? 무엇을 성취했는가? 일에서 내가 좋아하는 부분도 했는가?

이러한 과정을 통해 스스로 가장 보람 있다고 생각하는 일을 하는 데 매일 시간을 보내고 있는지 확인할 수 있다. 우선은 그중 몇 가지만 목록에 넣어보자. 장기적으로 보면 이것은 상사가 내준 새 프로젝트나 이번 주까지 마감해야 하는 업무만큼이나 중요하다. 그날그날 먼저 해야 하는 일과 함께 적어두면 아무리 일에 치여도 길을 잃지 않을 수 있다. 또 하루를 마무리하며 시간을 어떻게 보냈는지 되돌아보자. 오늘 내린 결정들에 만족하는가? 가장 좋아하는 일을 하며 최소 한두 시간을 보냈나?

그렇지 않다면 내일 어떤 변화를 줘서 다시 정상 궤도로 돌아올 수 있을까? 이러한 일들이 내일을 오늘보다 조금 더 균형 잡힌 하루로 만든다.

이 책에 나오는 기술 중 다수는 잘 먹고, 충분히 자고, 규칙적으로 운동하는 등 기력을 유지하는 데 도움이 될 것이다. 기력이 떨어졌다고 느낄 땐 잠시 휴식을 취하고 걸어보자. 5분 정도만 투자해도 된다. 밖에 나갈 수 있는 상황이면 더 좋다. 우리의 몸과 마음은 햇빛 속에서 깨어나도록 훈련되어 있다.

번아웃 증후군을 유발하는 또 다른 원인은 실패 혹은 실패에 대한 두려움이다. 일이 잘 풀리지 않을 때는 기력을 끌어올리기가 어렵다. 실패할 것 같은 프로젝트를 붙잡고 있으면 시간을 낭비하는 것처럼 느껴진다.

하지만 그건 시간 낭비가 아니다. 실패는 실제로 위험을 감수하고 있음을 알려주는 유용한 신호다. 실패하지 않는다는 것은 어떤 것도 열심히 하고 있지 않다는 것을 뜻한다. 실리콘밸리의 기업가들은 종종 '빠른 실패의 미덕'에 대해 이야기한다. 실패가 반드시 좋다는 것은 아니지만, 실패할 수밖에 없다면 조금이라도 빨리 실패하는 게 낫다.

이를 자신의 일에 적용해서 생각해보자. 위험이 큰 프로젝트에 착수할 땐 가장 어려운 부분을 먼저 해결하는 것이 좋다. 실패하더라도 아직 많은 시간을 투자하진 않은 셈이다. 그땐 손을 털고 다음 과제로 넘어가자. 쉬운 부분부터 시작하면 결국 제대로 되지 않을 일에 몇 주, 몇 달을 들인 꼴이 될 가능성이 있다. 가장 어려운 부분부터 시작하면 발견해나가는 재미를 느낄 수 있고, 미지의 대상과 씨름하는 전율을 만끽할 수 있다. 이렇게 하면 동기부여 된 상태를 유지할 수 있다. 설사 결과가 좋지 않더라도 어려운 일을 통해 무언가를 배운다는 장점이 있다. 만약 성공한다면 앞으로 순조롭게 진행되리라는 걸 알고 끝까지 정진할 수 있다.

대개 노력과 야망은 짝을 지어 함께 움직인다. 노력 없이는 아무것도 이룰 수 없고, 마음속에 목표가 있으면 노력을 유지하기가 더 쉽다. 매일 작성하는 '할 일 목록'이 단기적인 목표를 아우른다면, 일에 대한 야망은 장기적인 목표를 설명한다. 매일 이런 것들에 집착하고 싶지는 않겠지만 한 달에 한 번 정도 일의 진척도를 돌이켜보고 직장에서 지금보다 더 나은 위치에 도달할 수 있는지를 생각해보는 것은 하루하루를 살아가는 동기부여가 될 수 있다. 목표 중 하나가 잘 이뤄지지 않고 있다는 것을 깨달았을 땐 과감히 줄을 그어 지워버리고 다른 목표로 방향을 바꿔보자. 노력을 멈추지 말자.

부처가 수백 명의 제자와 함께 사원에 거주할 당시의 일이다.

인근 마을을 잠시 다녀온 뒤, 승려 몇몇은 명상하는 대신 둘러앉아 잡담을 나눴다. 빈둥거리는 제자들을 본 부처는 "열심히 노력하는 것은 개인에게 달려 있다. 스승은 그저 방법을 제시할 뿐이다"라고 충고했다.

다시 한번 말하지만 목표를 세우는 것만으로는 충분하지 않다. 우린 열심히 일해야 한다. 창작물에 등장하는 우주에서 가장 유명한 마음챙김의 대가는 아마도 〈스타워즈〉 시리즈에서 루크 스카이워커를 지도하는 작은 스승 요다일 것이다. 요다가 루크에게 "하든지, 하지 않든지 둘 중 하나다. 한번 해보는 건 없다"라고 말하는 장면은 유명하다. 요다 사부님께는 죄송하지만 이 부분만큼은 틀리셨다.

## 진짜 문제와 가짜 문제

지금까지 이야기한 모든 것을 잘 이행하고 있다고 가정해보자. 명상을 하고, 현재에 집중하고 있고, 잘 자고, 잘 먹고, 주기적으로 운동도 한다. 진실을 말하고 정직하게 논쟁한다. 또 건전한 목표가 있고 그것을 성취하기 위해 건강한 노력을 기울인다.

그런데도 여전히 직장에서 힘든 하루를 보내고 있다면, 충분히 그럴 수 있다. 나도 당신도 이따금 힘든 하루를 보내곤 한다. 내가 아는 가장 경험이 많은 명상가들도 그렇다.

'힘든 하루'라는 것을 일종의 오해라고 생각할 수도 있다. 부처는 이를 허상이라고 불렀을 것이다. 부처는 사물이 항상 곁

보기와는 다르다고 했다. 마음은 우리를 속인다. 때때로 대상을 실제보다 더 좋게 보이게 한다. 직장에서 우리의 마음은 대체로 상황을 더 나쁘게 보는 것 같다.

나는 직장에서 생기는 문제를 진짜 문제와 가짜 문제의 두 종류로 분류하려고 노력한다. 진짜 문제란 간단히 말해서 해결되지 않았을 때 나쁜 일이 생기는 것을 말한다. 반면 가짜 문제는 실제로 부정적인 결과를 초래하지 않기 때문에 무시할 수 있는 문제다.

너무 당연한 구별법처럼 들릴지도 모르지만, 일단 이런 식으로 직장에서의 문제를 분류하기 시작하면 실로 많은 문제가 가짜로 판명된다는 사실에 깜짝 놀랄 것이다. 예를 들어 직장에서 많은 사람이 겪는 공통적인 문제는 동료나 상사가 자신을 좋아하지 않는 것 같다는 우려다. 이는 분명 기분 나쁘고 스트레스의 원인이 될 수 있다. 그래서 꼭 해결해야 할 문제처럼 느껴진다. 하지만 스스로 질문해보자. 만약 해결하지 못하면 어떻게 될까? 이런 의혹이 실제로 갈등을 일으키고 업무 능력에 지장을 주지 않는다면 그냥 무시해도 괜찮으리라 생각한다. 모든 사람이 당신을 좋아한다면 물론 기분은 좋겠지만 반드시 그래야 할 필요는 없다.

규모가 큰 회사에서는 두 사람의 직책이 같거나 비슷해서,

또는 두 팀이 같거나 유사한 임무를 맡아서 종종 갈등이 생기곤 한다. 서로 거의 방해가 되지 않는다고 해도 이런 상황은 긴장감을 조성할 수 있고, 양쪽 모두 위협을 느낄 수 있다. 또는 작업을 수행하는 방법이 다르거나, 회의를 진행하거나 보고서를 작성하는 형식에 대한 의견이 달라서 갈등이 생길 수도 있다. 이때 일관성이 있으면 보다 수월할 것이다. 그런데 과연 그럴까? 그런 상황에 닥쳤을 때 나는 종종 이런 의문이 든다. 내가 아무런 조치를 하지 않으면 어떻게 될까? 대부분의 경우에 답은 '아무 일도 일어나지 않는다'이다.

직장에서 나에게 가짜 문제를 들고 오는 사람들은 그 문제가 얼마나 오랫동안 지속돼왔는지를 설명함으로써 문제의 시급성을 강조한다. 몇 주, 몇 달, 심지어 몇 년 동안 있어온 문제라고 호소하지만, 그 말 자체가 곧 실제로 문제가 없다는 증거임은 깨닫지 못한다. 몇 달 혹은 몇 년 동안 더 나빠지지 않은 문제라면 그것은 아마도 진짜 문제가 아닐 것이다.

이 철학은 분명 "오늘 할 일을 내일로 미루지 말라"라는 유명한 격언과 대치한다. 어쩌면 마크 트웨인이 이 격언을 비틀어서 말한 "내일로 미룰 수 있는 일을 오늘 하지 말라"에 가까울 것이다. 그렇다고 게으름을 지지하는 게 아니다. 해야 할 일은 해야 한다. 불필요하게 늦춰서는 안 된다. 하지만 많은 직장인들이 현실적으로 해결할 수 있는 것보다 더 많은 문제에 직면한 채 하루를 보낸다. 슬프지만 오늘날의 흔한 풍경이다. 그런 상황에선 중요한 일에 집중하는 것이 이치에 맞다.

가짜 문제를 해결하는 것 자체가 잘못됐다는 말은 아니다. 사람들이 더 이상 그 이야기를 꺼내지 못하게 하는 것만으로도 문제를 해결할 가치는 충분히 있다(사소하게 느껴질 수 있지만 그래도 하나의 결과라고 할 수 있다). 노력은 이익에 비례해야 한다. 가짜 문제를 걱정하느라 많은 시간을 허비하고 있다면, '적은 노력'을 들여 해결하는 건 가치 있는 행동이다. 하지만 단지 잔걱정을 덜기 위해 많은 시간을 할애하고 싶지는 않을 것이다.

즉, 가짜 문제라고 해서 아예 문제가 아니라는 말은 아니다. 다만 그것이 진짜 문제라고 지레짐작하는 사람이 있음을 이야기하는 것이다. 당신은 그런 사람이 되지 않길 바란다. "눈에 보이는 것으로 사물을 규정할 수는 없다. 동시에 그 반대도 성립된다"라는 선종의 격언이 있다. 가짜 문제 역시 어디까지나 문제인 것은 맞지만, 반드시 당신의 문제일 필요는 없다.

진짜 문제들이 감당할 수 없을 정도로 과하게 느껴지는 날도 있을 것이다. 때로는 내가 모든 걸 짊어지고 있는 것 같고, 다른 사람은 전혀 아무것도 하지 않는 것처럼 느껴지기도 한다. 그럴 때 나는 그것이 자초한 일인지를 스스로 물어본다. 왜 이렇게 많은 업무가 내 손에 들어와 있는 걸까? 그러면 대개는 내가 그러길 원했기 때문이라는 것을 깨닫는다! 어쩌면 다른 사람은 해내지 못하리라 생각했는지도 모른다. 다른 사람들이 할 수 있다는 걸 알면서도 상사에게 내가 필요한 사람임을 보여주고 싶어서 그랬다면, 그건 더 나쁜 상황이다!

이에 대한 몇 가지 해결책이 있다. 첫째, 동료를 믿는다. 모든 걸 자신이 해야 한다고 생각하지 말자. 회사에서 혼자의 힘으로 할 수 있는 일은 매우 드물다. 혼자 일을 하면 일단 큰 위험을 감수해야 한다. 혼자 일을 떠맡은 사람이 아프기라도 하면 어떻게 되겠는가? 다른 부서로 옮긴다면? 그럼 누가 그 일을 하지? 다른 사람이 업무를 빨리 터득할수록 모두에게 이롭다.

둘째, 일을 서로 하겠다고 경쟁하지 않는다. 다른 사람이 업무를 인계받기 원하면 나는 대개 응하는 편이다. 반드시 내가 해야 한다고 느끼는 일은 거의 없다. 회사에는 늘 할 일이 충분히 있다. 사실 넘쳐날 지경으로 많다. 동료와 영역 싸움은 하지 말자. 누군가 돕겠다고 하면 제안을 받아들이자.

셋째, 자신의 한계를 인정한다. 할 일이 너무 많으면 숨기지 말고 상사나 동료에게 이야기하자. 마감 직전까지 자신감을 보이다가 모두에게 좌절감을 안긴다면 그거야말로 최악의 상황이다. 도움이 필요하면 가능한 빨리 요청하는 것이 좋다.

그리고 모든 것이 실패했을 땐 호흡하는 걸 잊지 말자.

마음챙김 명상과 함께 우린 이미 호흡하는 것에 관해 이야기했다. 스트레스와 절망의 순간을 극복하는 방법으로도 호흡법은 유용하게 쓰인다. "호흡은 깨달음에 다가가고 집중력을 유지하는 수단이다"라고 틱낫한이 말했듯 호흡은 우리가 늘 지니고 다니는 도구다. 저명한 요가 스승 에디 스턴은 "호흡은 우리의 존재에 필수적이다. 호흡과 정신 사이의 연관성은 거의 모든 명상, 종교적 수련의 뿌리가 된다"라고 표현했다.

부처 또한 우리가 호흡을 인식하는 것만으로 완전한 깨달음을 얻을 수 있다고 가르쳤다. 수제자들과 세 달에 걸친 수련회를 마친 시점에서, 부처는 제자들이 깨달음에 한 걸음 더 다가갈 수 있다는 생각에 한 달을 더 머물며 가르침을 전할 것이라고 말했다. 소문이 퍼지자 한 달짜리 보너스 수업을 듣기 위해 수많은 비구와 비구니들이 더 모여들었다. 그 한 달 동안 부처는 호흡을 완전히 인식하는 방법을 가르쳤다.

호흡 명상에 관한 책은 시중에서 어렵지 않게 찾아볼 수 있다. 그중에 꽤 간단한 버전만 읽어도 직장에서 힘든 하루를 보낸 이들에게 큰 도움이 될 것이다. 지금 어디에 있든 일단 숨을 깊게 들이마시는 것으로 시작해보자. 코나 입으로 공기가 들어오는 것을 느껴보자. 폐에 공기가 차는 걸 느껴보자. 가슴이 올라갔다가 내려오는 것을 느껴보자. 공기가 몸을 빠져나가 넓은 세상으로 돌아가는 것을 느껴보자. 우리가 해야 할 일은 그것뿐이다.

의식하면서 세 번 호흡하는 것만으로 어지간한 스트레스는 잠재울 수 있다고 생각한다. 그러고 나면 앞서 하던 일을 이어서 할 수 있다. 정말 나쁜 날에는 숨쉬기를 여러 번 해야 할지도 모른다. 어쩌면 1시간마다 해야 할 수도 있다. 그렇지만 다행히 전혀 어렵지 않다. 1~2분이면 충분하다. 필요하다면 잊지 않고 일과 내내 숨쉬기를 할 수 있도록 알람을 설정해도 좋다.

유난히 힘든 날에 자신의 '보통' 호흡이 어떤지 살펴보자. 대체로 호흡이 짧고 끊기는 느낌이 들 것이다. 의식을 갖고 몇 번 호흡하다 보면 다시 호흡이 편안해지면서 온몸이 이완되는 걸 느낄 수 있다.

부처는 호흡을 인식하는 것이 '큰 결실과 이익'을 가져다준다고 말했다. 숨 쉬는 것만으로 직장에서의 스트레스를 떨쳐내고 열반의 경지에 오르리라 장담하지는 못하지만, 분명 도움이 된다는 것만은 약속한다. 좋은 날이든 나쁜 날이든 매일 규칙적으로 이렇게 호흡해보자. 특히 기분이 나쁜 날에 숨쉬기를 기억하는 것은 매우 중요하다.

3장

# 부처를 유혹하는 것들에 대하여

방해물

## 애착하기와 거리 두기

앞서 이야기했듯 우리가 접하는 부처의 가르침 대부분은 오직 한 사람, 제자인 아난다의 기억을 토대로 한 것이다. 암기력이 뛰어났던 아난다는 부처가 죽은 뒤 최초의 결집에서 깨우침을 얻은 제자 499명을 앞에 두고 스승의 가르침 대부분을 낭송했다.

그런데 아난다가 몇 가지를 놓쳤음이 후에 밝혀졌다. 부처의 제자 중에는 고대 인도 왕가(당시엔 왕이 많았다)의 궁궐 노예였던 쿳줏따라라는 여인이 있다. 동네에서 심부름하다가 우연히 부처의 가르침을 듣고는 독실한 제자가 되었는데, 설법을 듣는 족족 궁으로 돌아와 왕비와 궁정의 여인들에게 그 내용을 전달했다고 한다. 쿳줏따라의 입을 거친 부처의 가르침은 항상 "이렇게 말씀하셨다"로 시작된다.

쿳줏따라는 결국 깨달음을 얻었다. 불교 경전이 편찬되었을 때, 그의 기억을 통해 나온 부처의 가르침은 아난다의 경전에 「이티부타카」라는 제목으로 추가되었고 이것은 팔리어로 '이렇게 말씀하셨다'를 뜻한다.

쿳줏따라가 기억한 건 무엇이었을까? 부처는 그 마을에서 무엇을 가르쳤을까? 「이티부타카」는 많은 주제를 다루는데, 그중에 내가 아주 좋아하는 짧은 구절이 있다. 부처는 깨달음을 얻는 과정에서 가장 중요한 요소들을 설명하며 이런 말을 했다.

"나는 좋은 우정만큼 크게 도움이 되는 요소를 생각해낼 수 없다."

즉, 친구들과 함께라면 깨달음을 얻는 것도 수월해진다.

나는 대학교 여름방학 때 다녔던 첫 정규직 직장에서 만난 친구 두 명과 지금도 가깝게 지낸다. 이후 수십 년 동안 사회생활을 하며 친해진 친구들도 여럿 있다. 한편 지난 수년간 다양한 직장을 거치며 사귄 친구들은 회사를 옮기면서 멀어졌다. 같은 회사에 있더라도 부서를 옮기면서 멀어진 이들도 있다. 사실 모든 업무 관계가 긍정적이라고 할 수는 없다. 회사에는 응당 '사내 정치'라는 것이 있기 마련이다. 때때로 난 동료를 향한 울분을 삼키며 직장을 떠나기도 했는데, 대체 무엇 때문에 그렇게 싫어했는지 기억이 나지 않을 때도 있다. 좋은 관계든 나쁜 관계든 관계라는 것은 계속해서 형성되고 희미해지기 마련이다. 이 과정은 오늘날 직장생활 구조에 깊이 스며들어 있다.

많은 이들이 타인에게 둘러싸인 채 직장에서 오랜 시간을 보낸다. 그러다 보면 자연스럽게 가까운 관계가 형성되기도 한다. 일을 통해 맺는 개인적인 유대감을 직장생활의 큰 의미로 생각하는 사람도 많다. 함께 일하는 모든 사람을 좋아할 필요는 없다. 하지만 새로 들어간 회사에 있는 사람이 하나같이 마음에 들지 않는다면 나는 그 회사에 오래 다니지 않을 것 같다. 비단 나만 그렇게 생각하는 것은 아니다. 직장 내 친목에 관한 연구에 따르면 같은 직장에 친구가 있을 때 이직률이 현저히 감소한다. 매달 통장에 들어오는 월급 때문에 일을 그만두지 못하는 것처럼 동료가 좋아서 일을 그만두지 못하는 사람도 많다는 뜻이다.

회사에 친한 사람이 있다는 것의 장점은 단지 일이 더 재미있어지는 것만은 아니다. 부처가 말했듯 친구는 의지할 곳이 된다는 의미에서 매우 중요하다. 최근 한 연구에서는 직장에서의 긍정적인 인간관계는 육체적, 정서적으로 활력을 불어넣어 생산성뿐만 아니라 신체 건강에도 영향을 미친다고 했다. 즉, 같이 일하는 사람들이 마음에 들면 일에 관한 거의 모든 것이 향상된다고 볼 수 있다.

직장 동료를 대하는 방식은 사람마다 다르다. 가령 남성과 여성은 직장에서 나누는 우정으로부터 다소 다른 영향을 받는 것으로 보인다. 뉴질랜드의 한 연구에 따르면 여성은 직장 동료에게 사회적, 정서적 도움을 받았다고 대답했지만, 남성은 직장 동료를 '기능적인' 관계로 생각하는 경향이 컸다. 그러나 일반적으로 성별을 막론하고 직장인에게 친구는 중요하다고 여겨진다.

한편 직장에서 맺는 우정에는 몇 가지 단점이 있다. 아마도 가장 큰 단점은 산만함을 유발한다는 점일 것이다. 직장에서의 우정은 업무의 실제적인 요구 조건 이상으로 확장될 수 있으며, 친구를 도와야 한다는 부담감에 집중력이 흐트러질 수 있다. 마감에 쫓기지 않기 위해 일에 집중하려고 할 때 연애 문제나 가족 문제를 털어놓고 싶어 하는 친구 때문에 집중하지 못했던 경험이 다들 있을 것이다.

직장 내 동료애는 사람을 배타적으로 만들어 다른 직원들과 벽을 쌓는 요인으로 작용할 수도 있다. 남성이 주도하는 학연 중심의 인맥 문화는 그 어두운 면을 가장 잘 보여준다. 긍정적인 업무 관계는 큰 기쁨과 성취감을 제공할 수 있지만, 동료와의 부정적인 관계는 종종 정반대의 결과를 낳는다. 한 연구팀은 "능률을 떨어뜨리는 업무 관계는 심리적 자원을 고갈시키는 블랙홀과도 같다"라고 표현했다.

이 책에서 이야기하는 많은 것들이 그렇듯 주의를 기울여 지각 있는 선택을 하는 것이 중요하다. 의지할 수 있고 우정을 키울 수 있는 관계를 직장에서 찾아보자. 유해하게 느껴지는 인간관계가 있다면, 그 관계에서 빠져나오기 위해 최선을 다하자. 지금 직장에 다니는 이유에 동료가 큰 부분을 차지한다면 그것이 건강한 우정인지 확인해보자. 새로운 동료들과 새로운 관계를 맺는 것은 대부분의 직장에서 피할 수 없는 부분이라는 것을 기억하자.

일과 인간관계에 관해 이야기하면서 빼놓기 어려운 것이 연애 문제다. 물론 직장에서 만나 잘 살고 있는 커플도 많다. 하지만 아무리 좋게 표현하려 해도 사내 연애에는 어느 정도 위험이 따른다. 온라인이나 순수한 친목 모임에서 만난 사람과는 사이가 틀어진다 해도 원한다면 다시는 만나지 않거나 연락을 끊을 수 있다. 반면 직장에서는 매일 계속해서 마주쳐야 할 수도 있다. 같은 프로젝트에 투입될 수도 있고, 함께 야근하게 될 수도 있다. 때로는 둘 중 한 사람이 상대방의 상사가 되기도 한다. 즉, 아무리 나쁘게 헤어졌어도 연락을 끊기가 쉽지 않다. 이는 직업적인 환경에서 심각한 문제를 일으킬 수 있다. 둘 중 하나가 다른 부서로 이동하게 되거나 심지어 해고될 수도 있다. 슬프지만 역사적으로 봤을 때 남자보다 여자에게 불리하게 마무리될 가능성이 더 크다.

그 외에도 여성은 오랫동안 직장에서의 원치 않는 연애 문제로 피해를 봐왔다(물론 남성이 피해자인 경우도 있다). 코넬 대학의 연구팀은 "관심 없는 사람에게 시달린 사례는 남성보다 여성이 훨씬 많았다"고 발표했다. 또한 구애한 이들은 남녀를 불문하고 구애 대상자의 입장에서 거절하는 것이 얼마나 어려운지를 과소평가했다는 것이 발견됐다. 직장 내 역학관계는 복잡하기 이를 데 없다. 사교 모임이나 술자리에서는 쉽게 상대를 뿌리칠 수 있어도 사무실에서는 그런 상황이 큰 부담으로 다가올 수 있고, 심지어 함정처럼 느껴질 수도 있다. "이처럼 매우 빈번한 오해들 때문에 로맨틱한 구애와 성희롱 사이의 선이 항상 명확한 것은 아니다"라고 코넬 대학 연구팀은 보고했다. 지금 이 책을 읽는 사람들 중 이런 상황의 피해자가 되고 싶은 사람은 아무도 없으리라 생각한다.

만약 직장 동료에게 구애할 생각이 있다면 부디 신중하길 바란다. 단 한 차례 물어보되 무엇을 물어보고 있는지 명확히 인지하자. 직장에서 점심을 먹거나 커피를 마시는 건 데이트도 아니고 연애 감정이 개입된 관심의 표시도 아니다. 업무와 관련된 의논을 하자며 회사 밖에서 만나자고 뭉뚱그려 제안하는 건 누구에게도 도움이 되지 않는다. 직장 동료에게 데이트 신청을 하고 싶다면 업무와 연관 짓지 말고 데이트 신청을 하도록 하자.

가장 중요한 규칙은 다음과 같다. 상대가 '아니요'라고 거절할 땐 군말 없이 받아들여야 한다. 말처럼 쉽지 않을 수도 있지만, 직장에서 연애 문제로 고집부릴 여유 따위는 있을 수 없다. 상대가 확실하게 승낙한 게 아닌 이상 그것은 거절의 의미이니 오해가 없도록 하자. 동료가 하는 제안을 거절하기 어렵다는 점을 기억하자. 아마 당신이 생각하는 것보다 훨씬 어려울 것이다. 상대가 두 번 거절하는 일이 없도록 하자. 지금까지 내가 한 충고를 잘 따랐다면 당신은 상대에게 관심이 있음을 이미 명확하게 밝혔을 것이다. 혹여 그 동료의 마음이 바뀌어 '우린 좋은 커플이 될 것 같아'라고 생각하게 된다면 분명 당신이 알 수 있게 해줄 것이다. 이 점은 내가 장담한다.*

직장에서는 연애 감정보다 우정을 키우는 쪽이 훨씬 안전하

---

* 이 말을 따른다면 직장을 배경으로 하는 로맨틱 코미디물은 줄거리 자체가 죄다 망가지겠지만, 어찌 됐든 간에 당신은 이 충고를 따라야만 한다.

다. 장기적으로 더 성취감이 있을 것이라고 부처는 말할 것이다. 아난다가 회고한 가르침 중에 이런 내용이 있다. 우정, 동료애, 동지애가 있으면 성스러운 삶의 절반은 이룬 게 아닌가 하고 아난다가 물었다. 부처는 "그렇지 않다, 아난다. 그건 옳지 않아. 그것이 성스러운 삶의 전부다"라고 대답했다.

## 부처보다 균형 있게 살 수 있다

현대인의 기준으로 볼 때 부처는 직업을 유지하는 데도 형편없었지만, 인간관계 맺기와 양육에는 더더욱 형편없었다. 일하는 삶은 아예 시도조차 하지 않았으니 평가하기가 어렵다 해도, 결혼생활과 아버지가 되는 것은 시도했다. 하지만 영적으로 추구하는 길을 가려고 아내와 어린 자녀를 버렸으니 두 가지 모두 보란 듯이 실패한 셈이다.

부처는 일과 가정생활을 모두 포기함으로써 오늘날 우리가 '일과 삶의 균형'이라 부르는 문제를 아예 피해 갔다. 그 이유는 매우 간단했다. 그쪽이 더 쉽다고 느꼈기 때문이다. 흔히 수도자의 삶이 더 힘들다고 느낄지도 모르지만, 부처에겐 너무나도 많은 이질적인 요구 사항들을 고민하고 조율하는 것보다 그쪽이 더 간단했다. "일상의 고민 한가운데 있는 모든 이들이 내면의 진보가 이뤄지는 과정에서 겪는 어려움을 부처는 이해했다"라고 어느 학자는 요약한다. 한편 부처는 "가정생활은 감금이요, 수도자의 삶은 탁 트인 공간과도 같다"라고 말했다.

그런데 이 부분에서만큼은 부처보다 높은 목표를 세우라고 격려하고 싶다. 우리는 부처보다 더 잘할 수 있다.

이런 측면에서는 불교가 시작된 이래 모든 사람이 부처의 본보기를 따르고 싶어 하거나 따를 수 있었던 것은 아니다. 부처의 가르침을 받은 수많은 어머니, 아버지, 남편, 아내들은 부처를 본보기 삼아 가족을 버리고 싶어 하지 않았다. 우리 대부분이 그렇듯 그들 또한 균형을 찾는 것을 중요하게 생각했다. 가족을 버리는 것은 선택지에 없었다.

일과 가정 사이에서 시간의 균형을 맞추는 건 쉽지 않다. 여기엔 어려운 선택이 따른다. 내 경험상 균형을 맞추는 유일한 방법은 부처처럼 피하는 것이 아니라 받아들이고 포용하는 것이다.

난 이것을 '일과 삶의 균형 찾기'라는 틀에 가두어 생각하고 싶지 않다. 그 방법은 실재하지 않는 일과 삶 사이의 이분법을 암시하기 때문이다. 일은 삶의 일부이고, 삶의 많은 부분은 균형을 요구한다. 일과 개인적인 삶의 균형이 중요하듯 잠들어 있는 것과 깨어 있는 것, 활동과 휴식, 친구와 가족, 사회적 연결과 혼자만의 시간 등의 균형도 중요하다. 직장에서 보내는 시간과 업무 외 시간의 균형을 맞추는 것은 우리가 하는 수많은 절충 행위 중 하나일 뿐이며, 가장 어렵거나 가장 중요한 것이라고 볼 수도 없다.

이러한 절충은 어려울 수 있다. 인생은 짧고, 시간을 어떻게 보내느냐에 따라 차이가 생기기 때문이다. 대학 시절, 친구 빌과 나는 바둑에 흥미가 있었다. 둘 다 관련 서적을 사서 읽으며 대국하곤 했다. 금세 바둑에 빠져든 빌은 동네에 사는 프로 수준의 실력자를 찾아가 매주 수업을 받기 시작했다. 빌은 대회에도 참가했고, 심지어 공부할 목적으로 일본으로 여행도 갔다. 한편 나는 그런 행동을 전혀 하지 않았다. 요즘 빌이 일주일 동안 바둑을 두는 시간은 내가 평생 바둑을 둔 시간을 합한 것보다 많을 것이다. 우리 두 사람이 바둑을 접한 지 30년이 지난 지금, 빌은 고수가 돼 있고 난 여전히 초보 수준에 머물러 있다. 빌이 바둑에 나보다 더 재능이 있었는지는 잘 모르겠다. 처음 시작했을 땐 딱히 그렇게 보이지 않았다. 우리 사이에 격차가 벌어진 건 빌이 나보다 훨씬 많은 시간을 투자했기 때문이다.

일과 가정의 균형 잡기는 바둑을 배우는 것과 흡사하다. 어디까지 나아갔느냐는 얼마나 시간을 투자했느냐의 결과라고도 볼 수 있다. 때론 보상이 적을 때도 있다. 그러나 일하는 시간을 줄이고 다른 데 시간을 쓰려면 그에 따르는 대가를 치러야 한다. 가족을 부양하는 것도 예외는 아니다.

나는 성인이 된 지 얼마 지나지 않아 직업과 가정을 갖게 됐다. 아이들이 아직 아기였을 때, 난 매일 아침 육아를 도맡았다. 그 말인즉슨 일주일 내내 아침 4시에 일어나는 것을 의미한다. 아이들을 먹이고 옷을 입히고 나면 집 안이 시끄러워지기 전에 동네에 있는 베이글 가게로 데려가곤 했다. 나는 어떤 가게가 오전 6시에 문을 여는지, 6시 30분에 혹은 7시에 여는지 모조리 파악하고 있었다. 이 스케줄은 내 일에 실질적인 영향을 끼쳤다. 나는 집에서 일하는 걸 그만뒀는데, 주된 이유는 도저히 일을 할 수 없었기 때문이다. 집에 있을 땐 집에서의 삶에 주의를 집중해야 했다. 그렇게 고된 하루를 보내고 나면 너무 피곤해서 밤늦게 일하는 건 아예 불가능했다. 아이들이 자라서 학교에 다니기 시작하자 나는 매일같이 출근 전 아침 9시에 아이들을 학교에 데려다줬고, 함께 저녁을 먹으려고 저녁 6시까지 집에 돌아왔다. 간혹 출장 갈 때를 제외하곤 늘 변함없이 그렇게 했다. 이 또한 내 일에 영향을 끼쳤다. 오전 8시

30분이나 오후 5시 30분에 회의 제안이 들어오면 정중하게 거절했다. 10년 동안 이 규칙을 벗어난 적은 열 번이 채 안 될 것이다. 아이들이 학교에서 연극 발표회를 하거나 교실에서 생일파티를 열 때면 일찍 퇴근하고 참여했다.

돌이켜보면 일과 관련해 스스로 만든 제약들에는 실질적인 대가가 따랐다. 앞서 언급했듯이 직장에서 얼마나 많은 성과를 거뒀는지를 계산할 때는 얼마나 많은 시간을 들였는지도 고려된다. 나는 분명 주변 사람들보다 적은 시간을 투자했다. 때로는 중요한 회의를 놓치기도 했고, 거기엔 손해가 따랐다. 결국난 그 손해를 메울 다른 방법을 찾아냈으며, 내 경력에 딱히 불만도 없다. 그 과정에서 많은 실수를 저질렀지만 내가 찾은 균형은 나름대로 괜찮았던 것 같다. 사무실에서 더 많은 시간을 보냈더라면 물질적인 면에서 더 성공했을지는 모르나, 지금도 충분히 성공했다고 느낀다.

이제 내 아이들은 둘 다 십대가 됐다. 한 아이는 대학에 입학해 집을 떠났다. 아이들은 이전처럼 많은 관심이 필요하지 않으며, 당연히 원하지도 않는다. 그래서 저녁과 주말에 개인적인 작업(이 책을 쓰는 것처럼!)은 물론 여러 가지 잡다한 일을 할 시간적 여유가 생겼다. 주중에 다 처리하지 못한 업무를 주말에 할 수 있으니 금요일에 받는 스트레스가 줄어들었다. 다음 회의에 가기 전 혹은 퇴근 직전에 이메일을 하나라도 더 보내려고 시간을 쥐어짜내던 때와 비교하면 주말에 생각할 시간이 더 많아졌다는 점도 도움이 된다. 지금은 일찍 출근하거나 늦게 퇴근하는 게 쉬워졌고, 전반적으로 아이들이 어렸을 때에 비하면 언제 어디에서 일하든 훨씬 유연하게 대처할 수 있다. 이 점은 지난 몇 년 동안 내 경력에 박차를 가하는 데 큰 도움이 된 것 같다.

이런 문제들은 여성들, 특히 육아하는 여성에게 영향을 미치는 것으로 묘사되곤 하지만 나는 그 점에 동의하지 않는 편이다. 내 경험을 뒷받침해주는 연구 자료도 있다. 보스턴 경영대학의 에린 리드 교수는 "직장에서의 헌신을 요구하는 문제는 어머니에게만 해당하는 것도 아니고 여성에게만 해당하는 것도 아니다. 실제로 근로자 대부분이 그러한 갈등을 경험하는 것을 발견했다"고 말했다. 일이 인생의 전부가 아니라는 걸 우리는 잘 알고 있다. 내가 아는 모든 사람들은 올바른 균형을 찾기 위해 고군분투한다.

쉽게 얻을 수 있는 답은 없다. 개인적으로 균형과 관련해 가장 행복했던 시기는 직장생활과 가정생활 둘 다 사랑하고, 둘 중 어떤 것도 싫증 나지 않을 때였다. 만족스럽지 못했던 시기는 어느 한쪽이 잘 풀리지 않을 때였다. 지금까지 내가 선택한 것들은 아마도 다른 누군가에게는 분명히 맞지 않을 것이다. 그리고 나의 '균형'은 앞으로도 계속 발전하리라 생각한다.

쉬지 않고 일하는 것은 효율적이지 않다. 우리의 몸과 마음은 배터리와 같아서 일을 하면 고갈된다. 다음 날 다시 열심히 일하려면 일과 거리를 두고 회복할 수 있는 시간을 가져야 한다. 어느 연구에 따르면 "집에 있을 때 일에 대해 계속 생각하는 행위는 업무에서 비롯된 스트레스에서 회복되는 것을 방해한다"고 한다.

매일 근무시간이 과도하게 길면 수익률이 줄어들고, 나아가 생산성과 건강 모두를 저해할 수 있다. 사회 초년생 시절, 중요한 전시회를 준비하느라 40시간 동안 쉬지 않고 일한 다음 기절한 적이 있다. 그건 누구에게도 좋지 않았다. 그러나 이성적으로 볼 때 더 많이 일한다는 것은 더 많이 성취할 수 있음을 의미하기도 하고, 그러한 성취는 우리에게 보상으로 작용하기도 한다.

나는 의식적인 선택을 하라고 조언하고 싶다. 완벽한 균형을 찾을 가능성은 낮지만, 우연히 완벽한 균형에 얻어걸릴 가능성은 제로(0)에 가깝다. 주변인들의 선택에 주의를 기울이는 것도 도움이 된다. 그들을 판단하라는 것이 아니라, 그들의 선택이 자신에게 어떻게 작용할지 질문해보자는 의미다. 나는 여전히 다른 사람들을 통해 배우고 있다. 성공한 사람 중 일 외적으로 깊이 있고 만족스러운 삶을 사는 이들을 많이 봤다. 그들의 삶은 흥미로운 요소와 경험, 큰 기쁨을 주는 인간관계로 가득 차 있다. 그런 사람들을 보는 건 내게 격려가 된다. 당신도 그렇게 느끼길 바란다.

일 외적인 삶이 만족스럽다면 건강한 균형을 찾는 일은 더 수월할 거라고 생각한다. 직장에서 하는 일과 집에서 보내는 시간을 진정으로 사랑한다면 자연스럽게 이 균형을 맞추고 싶을 것이다. 직장 안팎에서 느끼는 만족감도 한쪽으로 치우쳐 있지 않다. 직장이나 가정에서 보낸 시간을 후회하며 괴로워한다면 균형감에 대해 또렷하게 생각하기가 훨씬 어려워진다. 나는 집과 회사에서 모두 최대한 행복해지는 것에 초점을 맞추는 것이 둘 사이의 균형을 정확히 유지하기보다 쉽다는 걸 깨달았다.

이 균형을 찾는 것이 곧 축복이자 특권임을 기억해야 한다. 전반적인 인류 역사에서 일하는 것의 주된 목적은 생계유지와 생존이었다. 인간에겐 선택의 여지가 많지 않았다. 사회 초년생이나 저임금 근로자에게는 여전히 현실적인 문제다. 본인이 언제 얼마나 일을 할지 의견을 제시할 수 있는 위치에 있다면, 그것만으로도 이미 행복한 고민이라 할 수 있다.

인생에서 소중하게 생각하는 다양한 활동에 얼마나 시간을 할애할지를 정하기란 절대 쉽지 않다. 그래도 선택은 직접 하는 것이 좋다. 자신에게 중요한 게 무엇인지를 정하고, 그에 따라 시간을 들이자. 선택하는 주체가 일이나 다른 사람이 되지 않게 노력하자.

이는 일 외적인 것들에도 적용된다. 맨 처음 이야기했듯 부처는 이 세상에 안녕과 행복을 가져다주는 인생의 많은 축복에 관해 설명했다. 그중엔 일평생 배우는 것, 친구들과 함께하는 것, 집을 찾는 것, 가족을 부양하는 것, 다른 사람을 돕는 것, 정직한 직업을 갖고 일하는 것이 있다.

일과 가족에게 쏟는 시간 균형 맞추기는 공정성의 문제로도 생각해볼 수 있다. 가족을 부양하는 데 시간을 보내는 사람이 그렇지 않은 사람보다 직장에서 덜 성공해야 한다는 것은 어딘가 잘못된 것처럼 느껴진다. 그건 불공평하다. 어떤 면에서는 실제로 불공평하다고 할 수 있다. 가족과 함께 시간을 보내지 않는 사람도 분명 존재한다. 그 사람은 풍부하고 의미 있는 경험을 놓친 채 살며, 그 가족은 삶의 중요한 부분이 될 가족 구성원을 놓친 채 살아간다.

결국 우리가 열정을 쏟으며 살 수 있는 시간은 제한돼 있다. 일과 가정뿐만 아니라 운동과 잠, 취미와 기타 관심사, 정신적 수련 등 모든 것에 적용되는 이야기다. 한 가지에 시간을 할애하면 다른 것엔 시간을 쓸 수 없으니 결과적으로 모든 걸 다 하고 살 수는 없다. 모든 것을 균형 있게 잘해내려면 신중한 선택뿐만 아니라 의식적인 균형감도 필요하다. 그렇다고 해서 많은 걸 할 수 없다는 건 아니다. 그러한 혼합의 결과에서 만족감과 성취감을 느낄 수 없으리라는 말도 아니다. 매 순간을 중요하게 만드는 것은 우리에게 달려 있다.

선종의 기초가 되는 문헌인 『참동계(參同契)』에서는 "시간 낭비하지 말라"는 단순한 권유로 끝맺이한다. 이는 아마도 최고의 충고일 것이다.

## 내가 일은 아니잖아요

이번에는 다소 소화하기 힘든 이야기가 있을 수 있으니 일단 자리에 앉기를 권하고 싶다. 통찰력이 느껴지는 부처의 수많은 가르침 가운데 약간 이상한 말이 하나 있다.

"너는 존재하지 않는다."

우선 부처가 '아무것도 존재하지 않는다'는 뜻으로 한 말이 아님을 짚고 넘어가고 싶다. 온 세상은 꿈이나 환상이라는 의미로 한 말이 아니다. 우리가 영화 〈매트릭스〉(1999) 같은 세상에 살고 있다고 주장한 것도 아니다. 그보다는 좀 더 미묘한 의미다.

사람들이 '당신'이라고 부르는 물리적인 육체는 진짜다. 누군가가 당신 머리를 향해 농구공을 던진다면, 그 공은 머리를 통과하지 않고 튕겨 나올 것이다. 다만 그 몸은 진짜 당신의 것이 아니라는 이야기다. 다른 모든 것도 마찬가지다. 그리고 만약 진짜 당신의 소유인 것이 없는 몸이라면, 정말 '당신'은 없는지도 모르겠다.

당신의 자동차 바퀴 하나를 교체한다고 상상해보자. 새 바퀴를 달았지만 여전히 당신의 차라고 말할 것이다. 바퀴 네 개를 모두 교체하면 어떨까? 그래도 여전히 당신의 차라고 생각할 것이다. 하지만 하룻밤 사이에 누군가가 다른 자동차의 부품을 가져와 모조리 교체해놓으면 어떻게 될까? 이제 그 차를 당신의 것으로 만드는 요소는 무엇인가? 같은 공간에 주차된 새 자동차에 더 가깝지 않을까?

그것이 더 이상 당신의 차가 아니라면, 언제부터 당신의 차가 아니었나? 첫 번째 부품이 교체됐을 때? 그렇진 않을 거다. 그러면 오일 필터를 교체할 때마다 다른 차가 돼야 하니까. 그렇다면 마지막 부품을 교체했을 때인가? 그것 역시 아닐 것이다. 그러면 그 마지막 부품을 달기만 하면 어떤 차든 당신의 차가 될 테니까. 모든 부품을 교체하는 데 10년이 걸린다면 어떨까? 마지막 날에 마법처럼 다른 사람의 차로 변한다고 봐야 할까? 새로운 부품을 장착한 차가 당신의 차가 아니고, 그 차가 더 이상 당신의 차가 아니게 된 특정한 순간을 지목할 수 없다면, 그것은 애초에 당신의 차가 아니었을 것이다.

'당신의 차'라는 건 그저 개념이자 관념에 불과하다. 깊이 파고들어가면 그건 '진짜'가 아니다. 현실적으로 당신의 차를 이루는 필수적인 요소는 없다. 선불교 승려는 당신의 차가 비어 있다고 말할 것이다. 사람이 타고 있지 않아서 비어 있다는 게 아니라, 당신의 차를 당신의 것으로 만드는 필수적인 요소가 없음을 의미한다.

5년 전이나 10년 전을 회상해보자. 나이가 많은 독자라면 그보다 더 이전을 회상해도 좋다. 당신의 주요 부품은 교체되지 않았을지 몰라도(물론 교체한 독자도 있을 것이다!) 몸은 예전 같지 않다. 개별 세포들은 생겨나고 소멸하길 반복한다. 뼈와 살을 구성하는 원자들은 다른 원자들로 교체됐다. 당신의 생각도 달라졌다. 기억도 달라졌다. 아마 성격도 달려졌을 것이다. 세월이 흐른 만큼 성숙해졌기를 바란다. 인내심은 더 강해졌으리라 짐작해본다. 어쩌면 인내심이 줄었을지도 모른다. 그런 경우도 종종 있는 것 같다. 예전보다 행복해졌을지도 모른다. 아니면 예전보다 화를 많이 내는 사람이 됐을 수도 있다. 어쨌든 한 가지는 확실하다. 당신은 예전과 같지 않다.

이제 우리는 자동차를 예로 들었던 것과 같은 딜레마에 직면했다. 만약 많은 부분이 변했다면 어떤 의미에서 당신을 같은 사람이라고 할 수 있겠는가? 당신이 이전의 당신과 같지 않다면, 어쩌면 당신은 애초에 당신이 아니었을지도 모른다.

이는 부처가 찾아낸 본질적인 역설이다. 즉, 사람은 자동차와 같이 '비어 있다'는 것이다.* 우리와 관련된 모든 것은 쉴 새 없이 변하고 있다. 그렇다면 그토록 잘 변하는 것이 어떻게 우리의 본질적인 자아를 형성할 수 있을까? 하지만 진정한 자신을 정의하는 불변의 요소가 없다면, 자아라는 건 아예 없을지도 모른다.

당신이 존재하지 않는다는 부처의 말은 몸이나 정신이 존재하지 않는다는 의미가 아니다. 몸과 정신은 존재한다. 단지 그것들을 자세히 관찰해보면 그 안에 '당신'은 없다는 의미다. 그리고 그것들을 볼 때마다 매번 조금씩 다른 것을 보게 될 것이다.

이 이야기를 다시 직장에 적용해보자. 많은 사람이 자신이 일과 경력에 의해 정의된다고 생각한다. 다른 사람을 정의할 때도 마찬가지다. 누군가를 만나서 처음 하는 질문은 "무슨 일을

---

* 물론 부처는 자동차에 대해서는 무지했다. 하지만 모든 것이 비어 있다고 설파했으므로 그 안에 자동차도 포함될 수 있다.

하나요?"일 때가 많다. 그런데 우리가 하는 일이란 자동차 부품이나 신체 세포처럼 끊임없이 변화한다. 정말로 10년 전에 했던 일을 계속해서 하는 사람이 있을까? 5년 전은? 2년 전은? 세상은 이토록 빨리 변하는데 과연 같은 일을 하고 있을까? 고객도 바뀌었고 경쟁자도 바뀌었다. 기술도 법도 업무 규정도 바뀌었다. 수많은 회사가 생겨났다가 사라진다. 산업 자체가 생겨났다 사라지기도 한다. 과연 똑같은 것이 존재할 수 있을까? "무슨 일을 하세요?"라는 질문에 대한 솔직한 대답은 매년, 어쩌면 매일 다를지도 모른다. 그렇다면 그렇게 자주 바뀌는 것이 어떻게 우리를 정의할 수 있을까?

'너는 존재하지 않는다'라는 부처의 가르침을 어쩌면 받아들이기 어려울지도 모른다. 그래도 괜찮다. 이상하고 어려운 개념인 건 분명하다. 그러나 불가피하게 모든 것들이 변화하는 가운데 본질적인 '당신'이라는 불변의 존재가 있다고 자신하더라도 이는 당신의 직업과는 아무 상관없다. 내일 당장 실직할 수도 있고, 사표를 낼 수도 있다. 회사가 망할 수도 있고, 갑자기 사장이 실성할 수도 있다. 이런 일들은 실제로 일어난다! 나에게도 일어났다. '당신'이라는 존재를 이루는 그 무언가가 수년에 걸친 육체적, 정신적 변화에서 살아남을 수 있다면, 그것은 누가 월급을 주느냐에 따라 달라지는 성질은 아닐 것이다. 당신의 직업은 당신이라는 사람을 규정하지 않는다. 당신이 무엇이든 간에 직업 그 자체가 아닌 것만은 확실하다.

당신이 직업과 동일시되지 않는다면, 동료들 또한 그들의 직업과 동일시되어서는 안 된다. 직장 동료와 다투고 있는 자신을 발견했을 때 명심해야 할 중요한 사항이다. 지금 당장은 그 동료가 당신이 하고자 하는 일에 있어 방해 요소 중 하나로 보일지도 모른다. 하지만 아무리 방해되거나 무능해 보일지라도 그건 진짜 그 사람이 아니다. 당신이 당신의 직업으로 규정되지 않듯 그 또한 그 사람의 직업으로 규정되지 않는다.

이는 업무상 분쟁을 개인적인 감정으로 받아들여서는 안 되는 이유 중 하나다.* 동료 개개인은 당신처럼 온전한 사람이다. 서로를 잘 안다고 해도 속으로 어떤 생각을 하고 있는지는 알기 어렵다. 논쟁 상대인 그 사람은 얼마 전에 연인이나 친구를 잃었을지도 모른다. 아픈 아이나 부모를 돌보고 있을 수도 있다. 아니면 깜빡하고 점심을 못 먹었을 수도 있다. 무슨 일이 일어나고 있든 보이는 것 이상의 무언가가 있다는 것만은 확실하다. 그들의 삶은 당신의 삶만큼 복잡하고 지저분하다. 그리고 직장은 수많은 천 조각을 기워 붙여 만든 커다랗고 복잡

---

* 또 다른 이유는 그렇게 했을 때 일이 잘 안 되기 때문이다. 사람들은 자신의 존재 자체가 비판의 대상이 됐을 때보다 자신의 생각이 비판의 대상이 됐을 때 타협할 가능성이 크다.

한 태피스트리(색실을 짜서 만드는 직물 공예 – 옮긴이)의 작은 일부일 뿐이다.

직업으로 자신을 정의할 때 온갖 종류의 고통을 맞이하게 된다. 직장에서 무언가가 잘못됐을 때 우리는 수많은 방식으로 실망감을 느끼는 환경을 스스로 조성한다. 일을 너무 꽉 붙잡고 그걸 놓칠까 봐 두려워하며 사는 지경에 이른다. 고통의 근원에는 탐욕과 미움처럼 뻔한 것들뿐만 아니라 망상도 있다고 부처는 가르친다. '일이 곧 나 자신'이라고 여기는 망상은 특히나 위험하다.

만약 직업이 나를 정의하지 않는다면, 다른 정체성에 대해서는 어떻게 이해해야 할까? 불교도들은 오랫동안 이 문제를 놓고 씨름해왔다. 선승 앤젤 쿄도 윌리엄스는 "'신분, 인종, 신념, 출생과 관계없이 모든 인간은 그들 안에 깨달음을 얻을 가능성을 지니고 있다'라는 부처의 선언은 진정 급진적인 정신으로 남아 있다"라고 서술했다. 깨달음을 얻는다는 개념은 여러 면에서 평등을 내포한다고 할 수 있다. 그러나 우리에게 내재한 단일성, 즉 인간의 기본적인 공통성이 개인의 차이를 지우지는 못한다. 우리는 저마다 고유한 고통의 역사를 갖고 있다. 많은 이들에게 고통이란 인종, 성별, 성과 관계된 것과 깊은 연관이 있다. 선종 승려인 젠주 어슬린 매뉴얼은 '단일성'

이 '동일성'을 의미하는 것은 아니라고 설명한다. 모든 자동차가 비어 있다고 해서 혼다와 포드가 같은 것은 아닌 것처럼 우리 역시 차이가 있다. 직장을 얼마만큼 가깝게 느끼느냐는 사람마다 다를 수밖에 없다. 한편 불교의 승가는 모든 이를 진정으로 포용하고자 노력했다. 우리가 빈 존재라 해도 이 쓰라린 진실은 바뀌지 않는다. 그러나 우리가 직업 그 자체가 아님을 깨달으면 우리의 다른 정체성이 번영할 공간이 생겨난다. 그로 인해 함께 일하는 이들이 진정 누구인지 알 수 있게 되고, 인간이 겪는 고통의 모든 차원을 인정하고 다룰 수 있게 된다. 당신이 역사적으로 소외된 집단에 속해 있는 사람이라면, 당신의 직업은 그 정체성 위에 덧입혀지지 않는다. 그 정체성 그대로 직장에 와도 다른 사람들과 동등한 권리를 가질 수 있다. 당신이 역사적으로 특권을 누린 쪽에 속한다면, 동료들의 존재를 온전히 환영하고 소중히 여기는 것이 좋겠다. 부처의 급진적 가르침인 "우리의 형태에 상관없이 모든 것은 가능하다"의 핵심이 바로 이것이다.

## 나는 왜 산만해졌을까?

우리가 사는 세상은 마음을 참 산만하게 한다. 확실히 여러 면에서 점점 더 산만해지고 있지만, 이는 결코 새로운 문제가 아니다. 미래학자이자 베스트셀러 작가인 알렉스 수정 김 방은 『나는 왜 이렇게 산만해졌을까』(이경남 옮김, 시공사, 2014)에 "인간은 늘 주의가 산만해지지 않기 위해, 또 집중력을 잃지 않기 위해 노력해야 했다. 수천 년에 걸쳐 인간은 산만함과 집중력 저하를 효과적으로 다룰 수 있는 기술을 구축했다"라고 썼다.

본격적인 이야기에 앞서 고백할 게 있다. 나는 정말 쉽게 주의가 산만해진다. 식당에 텔레비전이 있으면 화면을 쳐다보지 않고는 못 배긴다. 옆 테이블에서 하는 이야기가 들리면 내가 하던 대화를 놓치고 만다. 시간을 확인하려고 핸드폰을 집어 들면 10분 가까이 내려놓지 않는다.

다시 말해 난 좀처럼 집중하지 못한다. 집중하려면 노력해야 한다. 몇 년 전까지만 해도 나는 회의에 노트북을 들고 다니곤 했다. 회의가 느슨해지는 때를 틈타 이메일을 확인할 수 있어서 매우 효율적이라고 생각했다. 그러다 내가 주변 사람들에게 전혀 관심을 기울이지 않고 있다는 것을 깨달았고, 회의가 끝난 뒤에도 한참 동안 자리에 남아 있는 나를 발견했다. 이제는 컴퓨터는 책상에 놓고 다니고 핸드폰은 주머니에 넣어두려고 한다.

핸드폰은 집중을 방해하는 큰 요인이다. 다수의 연구에 따르면 스마트폰 사용은 집중력을 요구하는 일에 대해 반응 시간을 지연시키고 집중력을 감소시키며 수행 능력을 떨어뜨린다고 한다. 전체 교통사고 원인의 4분의 1이 스마트폰에 있다는 추정치가 나오는 것도 이 때문이다.

우리는 자신이 생각하는 것보다 멀티태스킹을 수행하는 능력이 형편없다. 본인의 능력을 아무리 높게 평가한다 해도 주어진 순간에 한정된 양의 정보에만 집중할 수 있다. 우리는 자신이 여섯 개의 작업을 동시에 전문가 수준으로 병행할 수 있다고 생각하지만, 실은 매우 비효율적인 전환을 반복하며 스스로 집중하는 것을 방해하고 있을 뿐이다.

부처는 집중력을 중요시했다. 명상에 관한 부처의 가르침에는 '흡수' 또는 '몰두'라고 해석되는 극도로 깊은 집중 상태로 들어가는 방법이 설명돼 있다. 하지만 숙련된 명상가나 요가 수행자만이 그 가치를 이해할 수 있는 것은 아니다. 어떤 행위에 완전히 빠져본 경험은 모두가 갖고 있다. 대중심리학에서는 이러한 상태를 보통 '몰입(flow)'이라고 부른다. 몰입은 행위 자체를 제외하고는 시간과 피로감 등 다른 모든 것을 완전히 잊어버릴 정도로 어떤 일에 개입되어 있을 때를 말하는 주관적인 상태로 정의될 수 있다. 몰입은 매우 생산적일 뿐만 아니라 굉장히 신나는 경험이 될 수도 있다. 그러나 그 상태는 매우 깨지기 쉽다.

산만함은 몰입의 적이다. 다른 사람의 전화벨 소리가 울리는 것만으로도 집중력은 흐트러질 수 있다. 이와 관련한 연구에서는 전화벨 소리에 의해 강의가 중단된 교실의 학생은 같은 강의를 방해 요인 없이 들은 학생보다 당일 쪽지시험 성적이 더 나빴다.

멀티태스킹은 의도적으로 방해 요소를 만드는 행위다. 여러 가지 일을 번갈아 하는 것은 뇌의 연산에 필요한 메모리를 방해하며, 이 능력은 나이가 들수록 점점 퇴화한다. 캐나다의 어느 연구에서는 강의 중에 노트북을 사용한 학생들이 이후에 치러진 시험에서 성적이 더 낮았다. 이는 그리 놀라운 일이 아닐 수도 있다. 그런데 노트북이 없었던 학생들도 노트북을 펼쳐놓은 학생 근처에 앉았을 땐 주의를 빼앗겨 17%나 낮은 점수를 받았다. 인도의 승려 샨티데바의 말처럼 산만한 마음은 어떠한 일에도 적합하지 않다.

그렇다면 이 산만한 요소들을 어떻게 해야 할까? 이땐 명상이 도움이 된다. 사람들은 명상의 목적이 마음을 맑게 하고 진정시키기 위해서라고 생각하는 경향이 있는데, 그것이 전부는 아니다. 진정한 명상은 명상을 멈췄을 때 이뤄진다. 집중을 방해하는 것들이 없는 조용한 방에서 마음챙김 훈련을 하는 가장 큰 이유는 떠들썩한 동료들에게 둘러싸인 시끄러운 사무실에서 그 기술을 꺼내 쓸 수 있도록 하기 위함이다. 명상을 하며 호흡에 모든 주의를 집중하는 일은 일상생활에서의 집중력을 강화해준다. 체육관에서 역기 훈련으로 근력을 강화해 다른 곳에서도 무거운 물건을 들 수 있게 되는 것과 같은 이치다.

불필요한 산만함을 최소로 줄이면 모든 것이 한결 쉬워진다. 그러니 핸드폰을 내려놓자. 가능하면 보이지 않는 곳에 두자. 이메일이나 트위터를 확인하는 시간을 따로 정해 쉴 새 없이

들여다보는 습관을 없애보자. 컴퓨터에 불필요한 창이 열려 있다면 닫아보자. 때로는 완전히 오프라인으로 사용하자. 온라인에 접속돼 있었던 시간을 추적해 일정 시간을 넘으면 로컬 네트워크를 강제 종료하는 앱도 있으니 필요한 경우 사용해보자. 사람들에게 너무 방해받는다고 느낀다면 자신의 책상에서 벗어나보자. 모든 것과의 연결을 끊고 특정 작업에 집중할 수 있는 시간(한두 시간 정도)을 자신에게 허락해보자.

집에서 일하는 사람은 삶과 관련된 모든 것에 둘러싸여 있기에 또 다른 종류의 산만함에 직면한다. 가능하면 오로지 일만을 위한 공간을 만들어보자. 매일 치우고 복구하길 반복해야 하더라도 일단 시도해보자. 일하는 자리가 부엌 식탁이라면 그 장소에서만 일하자. 일하면서 동시에 먹는 일이 없도록 점심은 다른 데 앉아서 먹자. 업무와 집안일은 분리하고, 별도의 시간을 쓰자. 일할 시간이 되면 설거지나 거실 정돈은 즉각 그만두자. 서둘러 출근할 때 본인의 모습을 생각해보면 된다. 일하는 동안 집에 다른 사람(특히 아이들)이 있다면 쉽지 않겠지만 더더욱 본인만의 공간을 따로 만드는 것이 좋다. 내가 무엇을 성취할 수 있는가에 대해 자신에게 솔직해지자. 가족이 당신의 관심을 필요로 할 때 동시에 여러 가지를 하려고 함으로써 자신을 괴롭히는 것은 좋지 않다.

좋은 멀티태스킹의 예도 있다. 눈을 감는 것처럼 귀를 닫을 수는 없으므로 우리의 뇌는 시각적 방해 요소를 대하는 것과는 다른 방식으로 청각적 방해 요소를 대하도록 발달했을 것이다. 음악을 들으며 일하길 좋아하는 사람들이 많은 것도 그 이유가 아닐까 생각한다(한때 내 딸은 TV를 틀어놓고 공부하면 더 잘된다고 했는데, 정말로 화면을 보지 않고 듣기만 했다). 나는 헤드폰을 끼고는 일을 잘 못하지만, 동료 중엔 헤드폰의 효능을 맹신하는 이들이 많다. 나는 종종 동료들과 함께 걸으며 대화하길 좋아한다. 실내에 단둘이 앉아 있을 때보다 상대의 말에 잘 집중할 수 있기 때문이다. 알렉스 수정 김 방의 말을 다시 인용하자면, 이러한 멀티태스킹은 몰입을 방해하기보다는 원활하게 해주는 효과가 있다.

결국 자신에게 맞는 패턴을 찾는 것이 중요하다. 나는 글을 쓸 때 주위에 책을 흩어놓는다. 대부분은 그 모습을 보고 혼란스럽고 산만하다고 느낄 테지만 난 이렇게 해야 집중이 잘된다(지금도 팔을 뻗으면 닿는 거리에 책 여섯 권이 펼쳐져 있다). 대체로 조용한 곳에서 일하는 것을 선호하지만 설거지나 운전을 할 땐 음악이나 팟캐스트를 틀어놓는 것을 좋아한다. 회의 중에는 핸드폰을 꺼내지 않으려고 최대한 노력한다. 일단 뭔가를 확인하기 시작하면 집중력이 떨어지기 때문이다.

각자의 집중 패턴은 모두 다를 것이다. 그걸 파악해보자. 언제 집중이 잘되고 언제 안되는지 주의를 기울여보자. 하루 동안 자신의 몰입을 원활하게 도와주거나 방해하는 것들이 무엇인지 주목하자. 하는 일을 반복적으로 바꾸지 않도록 하자.

선승 스즈키 슌류는 "일석이조라는 말이 있긴 하나, 돌 하나로 새 한 마리를 죽이는 것이 우리의 방식이다"라고 말했다. 한번에 하나의 돌에 집중한다면 우리는 훨씬 더 생산적인 사람이 되리라 생각한다.

## 점심밥을 구걸한 부처

부처는 음식이 삶을 유지하는 데 있어 필수 요소라고 생각했다. 나도 이에 동의한다. 무엇을 어떻게 먹는지만큼 건강에 중요한 것도 별로 없다. 나는 부처의 가르침에 따라 수도자들이 바람직한 식생활을 하도록 돕는 책을 공동 집필한 적이 있다.* 우리 주위에 식습관, 다이어트, 영양에 관한 책은 무수히 많다. 만약 음식과 일에 관해 단 한 가지 규칙을 만들어야 한다면, 나는 '책상에서 먹지 말라'로 정할 것이다.

* 타라 코트렐과 함께 쓴 『부처의 식단(Buddha's Diet)』이라는 책이다.

믿기 어렵겠지만, 부처는 제자들이 무엇을 먹는지보다 언제 어떻게 먹는지에 훨씬 더 신경 썼다. 오늘날 많은 이들이 부처가 채식주의자였을 거라고 추측하는데, 실제론 그렇지 않았다. 부처는 기본적으로 동냥하는 자에겐 선택권이 없다는 철학을 갖고 있었다. 따라서 동네 주민이 그날그날 주는 대로 먹었다. 그런데 부처가 식사 중에 다른 일을 병행하지 않았다는 것은 분명하다.

안타깝게도 진정한 의미의 점심시간은 점점 거의 찾아보기 어렵게 됐다. 2016년에 뉴욕타임스는 미국의 전문직 종사자 중 62%가 점심을 책상에서 먹는다고 추정했다. 당신은 그 62%에 들어서는 절대 안 된다. 책상이 지저분해지고 위생적으로 좋지 않아서? 사실이긴 하지만 단지 그 이유 때문만은 아니다. 애리조나 대학의 연구에 따르면 데스크톱 컴퓨터의 47%에서 감기 바이러스가 발견되었다. 이는 화장실보다 높은 수치다. 이게 사실이라면 책상보다는 변기에 앉아서 점심을 먹는 게 나을 수도 있겠다. 연구원들은 컴퓨터에 있는 세균이 전염병 확산의 주요 원인이라는 것을 발견했다. 책상에서 음식을 먹는 건 분명 불결한 행위다. 하지만 나는 지금 불결한 걸 걱정하는 게 아니다. 어디에서 먹을지는 본인이 정하는 것이고, 그건 개인의 권리다.

부처는 제자들에게 "밥그릇에 집중하며 음식을 먹어라"라고 말했다. 위생 문제 때문에 한 말은 아니다. 부처는 제자들이 무엇을 먹고 있는지에 주의를 집중하길 바랐다. 아무 생각 없이 먹는 게 아니라 정신이 깨어 있는 상태로 먹기를 바랐다. 부처는 식사시간이 곧 명상시간이 되기를 바랐다.

밥 먹으면서 명상하라니, 비현실적인 이야기처럼 들릴지도 모르겠다. 늘 여러 가지 일을 동시에 하는 것에 익숙해져서 아주 잠시일지언정 다른 건 아무것도 하지 않고 먹기만 하는 걸 게으르다고 생각할 수도 있다. 하지만 그렇지 않다. 이따금 휴식을 취함으로써 오히려 생산성을 높일 수 있다는 걸 우리는 잘 알고 있다. 점심시간은 이를 실천하기에 더할 나위 없는 기회다.

반드시 1시간을 통으로 빼서 점심시간으로 써야 한다는 것은 아니다. 30분이면 대체로 시간에 쫓기지 않고 식사하기에 충분하다. 20분 정도라면 조금 빠듯할 수도 있겠다. 나는 일정표에서 점심시간으로 1시간을 빼놓는다. 밀린 일을 처리하는 데 일부 시간을 할애하게 될 거란 걸 알고 있지만, 평화롭게 식사하기에 충분한 시간이다.

다른 휴식시간과 마찬가지로 정말로 기력이 회복되는 점심시간을 보내려면 그 시간의 통제권이 자신에게 있어야 한다. 동료들과 어울리는 걸 즐긴다면 어떤 수를 써서라도 함께 점심을 먹을 사람을 찾아보자. 직장에서의 무의미한 잡담에서 벗어나고 싶다면(많은 이들이 그렇게 느낀다) 혼자 조용히 먹을 수 있는 곳을 찾아보자. 야외에 나갈 수 있으면 훨씬 좋을 것 같다. 유일한 규칙은 먹는 동안 일을 계속해선 안 된다는 거다.

부처가 마음챙김을 하며 먹는 것을 권한 이유는 단지 명상에만 목적이 있었던 것은 아니다. 건강에도 이롭다고 생각했기 때문이다. 과체중인 왕이 부처를 찾아갔을 때의 일이다. 배가 터지도록 밥과 카레를 먹어 숨쉬기도 버거워하는 왕의 모습을 보고 부처는 다음과 같은 구절을 읊었다.

늘 깨어 있는 사람은 적당히 먹는 법을 안다.
그러면 병은 줄어들고, 천천히 늙으며 생명력을 지킬 것이다.

마음챙김을 하며 먹는다는 개념에 깊게 감명받은 왕은 매 끼니 전에 젊은 신하를 시켜 이 구절을 읊게 했다. 당연한 얘기겠지만 경전에 따르면 그 왕은 상당히 날씬해졌다고 한다. 승려이자 학자인 무착비쿠 아날라요는 이렇게 요약했다.

"먹는 중에 의식이 깨어 있을 필요가 있다는 말을 규칙적으로 들은 결과, 왕은 과식하는 경향을 극복하고 점차 살을 뺄 수 있었다."

점심시간을 따로 할애하는 것이 세계의 과체중 문제를 해결하리라 장담할 수는 없지만, 어떤 종류의 다이어트를 하든 마음챙김이 도움된다는 점은 오늘날 다수의 연구를 통해 여러 번 확인되었다. 우리는 먹는 것에 주의를 기울일 때 음식과 관련하여 더 나은 선택을 한다. 즉 더 건강하게, 더 적게 먹게 되는 것이다.

이는 간식에도 적용된다. 계산대 앞에 섰을 때 초콜릿을 잔뜩 사고 싶은 유혹을 뿌리쳐보자. 보고서를 마무리할 때 과자를 우적우적 씹고픈 유혹을 뿌리쳐보자. 끼니 사이에 배가 고프면 먹어도 괜찮다. 하지만 본인이 먹고 있음을 자각하자. 5분 동안 어딘가에 자리를 잡고 앉아서 먹자. 자신이 무엇을 먹고 있는지 생각해보자. 더 이상 배가 고프지 않으면 먹는 것을 중단하자. 시간을 보내기 위해서가 아니라 신진대사를 지속하기 위해 음식을 먹자.

직장에서의 식문화를 논하면서 술 이야기를 빼놓을 수 없다. 직장에서의 음주 문화는 오래됐고, 대부분 부정적인 이야기를 달고 다닌다. 그리 놀랄 일도 아니다. 술이 직장에서 일어나는 많은 문제에 영향을 끼친다는 증거는 충분하다. 직장 내 음주 문화와 관련해서는 좋은 점을 찾아보기가 어렵다. 생산성 저하, 건강 문제는 물론 온갖 종류의 잘못된 행동을 할 가능성도 커진다. 유럽에서 14년 동안 진행된 연구에 따르면 과음하는 사람은 직장을 잃을 확률이 더 높다. 과음하는 사람이 실직 신세가 됐으니 사내 음주 문제는 어느 정도 '해결'되었다고 할 수 있지만, 당사자 개인의 삶과 사회 전반에 걸쳐 음주와 관련된 불미스러운 일들이 비일비재해졌다.

술은 부처가 그다지 타협점을 허용하지 않은 항목 중 하나다. 부처는 술 마시는 것에 반대했다. 비구와 비구니들이 술을 마시거나 기분 전환 약제를 사용하는 것을 금지했고, 평신도들 또한 그런 행위를 못 하도록 했다. 부처는 알코올 섭취의 여섯 가지 위험성을 열거했다. 부의 감소, 싸움 증가, 온갖 질병 유발, 평판 악화, 알몸 노출 위험, 지적 능력 감퇴. 이 중 대부분은 직장에서, 특히 연말 회식 자리에서 문제가 될 수 있다.*

술을 마시기로 했다면 가능한 한 술과 일 사이의 거리를 두라고 조언하고 싶다. 퇴근 후에 일과 관련된 자리에서 와인 한 잔 정도를 마실 수는 있지만 그 이상은 경계하는 것이 좋다. 특히 근무시간에 마시는 술은 다른 문제로 이어질 수 있다. 성인이 된 후 금욕적인 생활을 해본 경험이 없다면 금주를 시도해보길 권하고 싶다. 난 조금씩 술을 줄이다가 삼십대에 완전

---

* 농담이 아니고 '알몸 노출'은 실제로 일어나곤 하는데, 결코 보기 좋은 광경이 아니다.

히 끊었는데, 술 없는 삶이 훨씬 행복하다는 것을 알게 되었다. 당신도 그렇게 느낄지 모른다.

　가장 중요한 건 직장에서 먹고 마시는 게 또 하나의 방해물이 되지 않도록 하는 것이다. 점심시간은 휴식을 취하고, 신체와 정신의 배터리를 충전하고, 마음챙김을 수련하기에 더할 나위 없이 좋은 기회다. 단 몇 분이어도 좋다. 열 가지 일을 동시에 하며 샌드위치나 샐러드를 먹어치우면서 그 기회를 놓치진 말자.

## 부처는 어떤 사람을 해고할까?

현대 직장 문화에서는 대다수가 형태는 다소 다를지라도 시간이 지나면 경영을 하거나 다른 사람들을 관리하는 직책을 맡는다. 미국 노동통계국(BLS)의 자료에 따르면 2017년 미국 근로자의 12% 정도가 관리직에 종사하는 것으로 나타났다. 이는 의사, 치과의사, 간호사 등 의료계 종사자 전부를 합친 것보다 훨씬 많은 수치이며, 요식업 종사자나 공장에서 일하는 생산직보다도 많다. 나이가 들고 경험이 많을수록 경영관리직 종사자의 비율은 증가한다. 그중 14% 이상은 45세 이상인 것으로 나타났다. 이 수치는 계속해서 증가하고 있으며, 경영은 현대 사회에서 가장 크고 빠르게 성장하는 분야 중 하나로 자리매김했다.

부처는 경영인이 아니었으며, 누군가를 고용한 적도 없고 해고한 적도 없다. 그러니 당신이 이제 막 관리직을 맡은 사람이든 노련한 간부이든 경영에 관한 조언을 구하는 데 있어서 부처의 가르침은 적합하지 않다고 생각할지도 모른다. 하지만 부처는 특정한 규칙을 따르며 살았던 비구와 비구니들의 집단인 승가를 만들었고, 여기에서 오늘날 경영인들에게 도움이 될 만한 교훈을 찾아볼 수 있다.

부처가 살아있을 때는 승가에 어떤 규칙이 있었는지 정확히 알 수 없지만, 완전히 성문화되고 기록됐을 무렵에는 비구에게 227개, 비구니에게는 311개에 달하는 규칙이 적용됐다.* 오늘날 이러한 규칙에 대해 이야기할 땐 흔히 무엇이 허용되고 무엇이 금지되는지를 이야기한다. 가령 정오 이후에 수도승들은 거짓말, 도둑질, 먹는 것이 허용되지 않는다는 규칙을 예로 들어보자.** 관점에 따라서는 올바로 전달됐다고 할 수 있

---

\* 오늘날에는 학파에 따라 다소 규칙이 다르지만, 이른바 '전통적인' 종파(소승불교)에서는 남성보다 여성에게 적용하는 규칙이 더 많다. 부처가 살았던 시대에 완전한 성평등이라는 건 상상도 할 수 없었기에 애초에 여성이 받아들여지기 위해서는 이런 차등이 불가피했다는 주장도 있다. 오늘날 많은 학파에선 남성과 여성이 같은 규칙을 따르고 완전히 동등하게 취급된다. 일례로 샌프란시스코 젠 센터에서는 최근 몇 년간 여성이 주지를 지냈다.

지만, 동시에 정확하지 않다고도 할 수 있다. 무언가를 금지한다는 것은 권위를 내포하고 있다. 부모는 아이가 사탕을 너무 많이 먹거나 너무 늦게까지 깨어 있는 것을 금지할 수 있는데, 이는 부모가 일종의 책임자 위치에 있기에 할 수 있는 부분이다. 그런데 부처는 그런 권위를 주장하지 않았다. 부처는 자신의 말이 곧 법이라고 주장하는 왕이나 주인이 아니었고, 그저 세상이 어떻게 돌아가는지 설명하는 사람이었다.

특정 행동은 특정 결과를 가져온다고 부처는 말했다. 이것이 원인과 결과를 뜻하는 카르마, 즉 업보다. 부처가 생각하기에 이것은 자연의 섭리에 가까웠다. 공을 떨어뜨리면 땅에 떨어진다. 공을 떨어뜨린 사람이 공이 떨어질 거라고 믿는지 믿지 않는지는 아무 상관없다. 중력은 당신이 누군가의 권위를 받아들일 것을 요구하지 않는다. 믿든 믿지 않든 똑같이 중력의 영향을 받는다. 비슷한 맥락에서 부처는 업보를 행동과 반응의 자연적인 결과로 보았으며, "마차 바퀴가 소의 발굽을 따라가듯 타락한 마음을 가지고 말하거나 행동하면 고통이 따른다"고 설명했다. 사원의 규칙은 이 개념의 연장선에 있다. 비구와 비구니에게 특정 행동은 평신도에게는 나타나지 않을지도

** 『부처의 식단(Buddha's Diet)』이라는 책은 이 이상하게 들리는 규칙을 조사하다 보니 그 규모가 점점 커지면서 나오게 됐다.

모르는 결과를 불러온다. 심각한 위반을 한 비구나 비구니는 승가에서 추방된다. 본래의 승가는 순결을 원칙으로 삼았으므로 성행위도 이 범주에 들어간다. 순결 서약을 어긴 수도자는 승가에서 떠나야 한다. 하지만 수백 가지 규칙 가운데 이런 절대적인 금지 사항은 열 손가락으로 셀 수 있을 정도다(나는 그중 '초자연적인 능력이 있다고 주장하지 말라'는 규칙을 가장 좋아한다). 나머지 이백여 개의 규칙을 위반하는 경우엔 일종의 '근신'이나 공개 자백 등 다양한 처벌이 따른다.

승가의 모든 일원은 정기적으로 모여 규칙을 암송하고 잘못한 점을 고백하는 시간을 가졌다. 그러니 "초자연적인 힘이 있다고 주장하면 안 된다고 왜 아무도 말해주지 않았나요?"라고 변명할 여지는 없었다. 오늘날에도 전통 사원에서는 처음 세워진 그대로의 규칙들을 낭송하곤 한다.

이를 우리가 아는 여타 회사와 비교해보자. 공식적인 직원용 안내 책자가 있을 수도 있지만, 어차피 그건 아무도 읽지 않을 거라고 확신한다. 그리고 거기에 나온 내용은 대개 구체적이지 않다. 규칙들은 때때로 부정확하며, 위반했을 경우 따라오는 결과 또한 모호하다. '최대 해고로 이어질 수 있다'가 결과에 대한 일반적인 설명이다. 즉, 어떤 일이든 일어날 수 있다는 말을 매우 기업적이고 도움이 되지 않는 방식으로 말하는 것이라고 할 수 있다.

부처의 접근 방식은 매우 달랐다. 어떤 행동이 어떤 결과를 초래하는지에 대해 구체적이었고, 한결같았다. 부처는 자신이 세운 규칙을 따랐다.

오늘날 직장에서 이 모델을 따르는 건 아마도 불가능할 것이다. 법무팀은 누군가 저지른 나쁜 행동과 그 결과를 일일이 열거하길 원하지 않을 것이고, 인사과는 아마도 보름달 아래에서 치러지는 공개 자백 의식 자체를 반대할 것이다. 하지만 부처와 똑같지는 않더라도 시도는 해볼 수 있다.

관리직에 있는 사람이라면 가능한 한 기대치를 명확하게 설정하는 것부터 시작할 수 있겠다. 직원들이 무엇을 하기를 바라는가? 생각보다 많은 이들이 이 지점을 어렵게 느낀다. 아직 관리직에 익숙하지 않다면 누군가에게 직접 지시하는 것이 어색하고 때로는 스스로가 무례하다는 생각이 들 수도 있다. 이제 막 관리직을 맡은 사람들은 종종 "이걸 해볼 수 있나요?"라며 제안하듯 지시하곤 한다. 갓 상사가 된 사람은 이른바 꼰대처럼 보이길 싫어하는 경향이 있다. 직원들이 스스로 문제를 해결하도록 하는 것이 더 예의 있고 힘을 실어준다는 생각에 지시 자체를 하지 않는 상사도 있다. 하지만 모호함이 힘을 실어주는 경우는 드물다. 대개는 그저 혼란을 안겨줄 뿐이다.

그렇다고 소소한 것까지 챙겨야 한다는 말은 아니다. 직원마다 각기 다른 수준의 지시가 필요하다. 부처는 듣는 사람에게 맞춰 말하는 방법을 바꿀 것을 제안했다. 경험이 많은 목수에겐 단순히 "식탁을 만드세요"라고 말하면 될 것이다. 반면에 이제 막 목공을 시작한 사람에게는 나무를 고르고 준비하는 방법부터 설명해야 한다. 심지어 나사와 못의 차이점을 설명해야 할 수도 있다. 여기에서 중요한 것은 지시받는 사람이 무엇을 편하게 느끼는가가 아니라 어느 정도의 세부 설명을 필요로 하는가다. 승가의 규칙 중에는 "얼버무리듯 말하고 좌절을 안기는 것을 금한다"는 항목이 있다. 직원에게 필요한 정보를 알려주지 않는 상사는 이 규칙을 어기는 것이다.

당신의 지시를 받고 일하는 사람이 무언가를 잘못하고 있다면 그가 알 수 있게 하자. 그의 행동이 달라지지 않는다면 앞으로 있을 결과에 대해 솔직하게 말하자. 아마도 쉬운 대화는 아니겠지만 매우 필요하다. 다시 한번 말하지만, 관리직에 있는 사람은 직원에게 정직하고 명료해야 한다.

우리는 친절한 사람으로 남고 싶은 마음에 직원에 대해 부정적으로 말하는 것을 꺼린다. 충분히 이해할 수 있는 부분이다. 앞서 이야기했듯 부처는 '사랑에서 비롯된 착한 마음'을 갖고 말하는 것이 중요하다고 가르쳤다. 동시에 정직함을 강조했는데, 이 두 원칙이 충돌할 수 있다는 건 예상하지 못했나 보다. 아무리 좋은 의도라고 하더라도 직원에게 정직하지 않은 것을 '착하다'고 볼 수는 없다. 그들은 정직한 피드백을 받을 자격이 있다. 일을 잘하지 못하는 직원은 오직 정직한 피드백을 통해서만 개선될 수 있다.

모든 규칙을 카르마와 연관해서 제시하는 것의 이점 중 하나는 도덕적인 요소가 개입되지 않는다는 점이다. 규칙과 그에 따른 결과는 누군가가 인간으로서 지니는 가치와는 아무 상관 없다. 부처는 더할 나위 없이 올곧은 승려라고 해서 그 사람의 가치가 곧 자격을 박탈당할 승려보다 높다고 하지 않았다. 이건 그런 문제가 아니다. 살생에 반대하는 불교의 입장이 사형 제도에도 적용되는 이유는 바로 여기에 있다. 왜냐하면 모든 생명은 가치가 있으며, 가장 심각한 규칙을 어겼다고 해도 그 점은 변하지 않기 때문이다.

누군가의 기술이나 기질이 특정 직업에 적합하지 않을 수 있듯 애당초 수도자의 삶을 살기에 적합하지 않은 행동을 하는 사람들이 있다. 그런 사람을 내보내는 것을 두고 매정하다 할 수는 없다. 내보내는 것이 아니라 오히려 자신에게 맞지 않는 신발을 신고 다니는 사람이 새 신을 찾도록 돕는 것과 같은 맥락일 수 있다.

동시에 자신에게 솔직해지는 것 또한 중요하다. 현 상황에서 실패한 지점은 어디인가? 어떤 점을 개선할 수 있을까? 다른 사람의 잘못에만 초점을 맞추기보다는 '자신이 무엇을 했고 무엇을 하지 않았는지'를 생각하라고 부처는 권한다.

그렇다면 부처는 어떤 사람을 해고할까? 어떤 행동에 대한 적절한 결과가 해고라면, 그 행동의 주체가 누구든 부처는 그 사람을 해고할 것이다. 그런 결과가 따르리라는 걸 그가 처음부터 알고 있었음을, 그 행동이 어떤 결과를 불러올지 알았음을 부처는 확인할 것이다. 나아가 그가 저지른 위반 사항이나 실수에 대해 죄책감을 느끼지 않게 할 것이며, 스스로 부족한 사람이라고 느끼지 않도록 할 것이다. 부처는 매 순간 친절함과 존중하는 마음으로 그 사람을 대하고, 앞으로 좋은 일이 있기를 바랄 것이다.

## 떠나야 할 때를 기다리는 사람에게

『괴짜 경제학』(안진환 옮김, 웅진지식하우스, 2007)의 공동 저자인 경제학자 스티브 레빗은 2013년에 대담한 실험을 진행했다. 중대한 결정을 내리는 데 어려움을 겪는 사람들을 모아 그 내용을 온라인에 등록하게 한 다음 동전 던지기로 결정을 내려줘도 되겠냐고 물어본 것이다.* 이 프로그램이 끝날 때까지 총 22511명이 참여했는데, 연인과 헤어져야 할지, 청혼해야 할지와 같은 중요한 질문도 있었고, 머리를 염색해야 할지, 수

---

* 실제로 동전을 던진 건 아니고 컴퓨터로 앞면과 뒷면 중 하나를 무작위로 선택했다.

염을 길러야 할지와 같은 사소한 질문도 있었다. 레빗은 그들에게 일련의 설문지를 작성해달라고 요청했다. 두 달 후와 여섯 달 후 두 차례에 걸쳐 진행된 설문의 요지는 동전 던지기의 '조언'을 따랐는지, 행복한지를 묻는 것이었다.

모든 사람이 무작위로 선택된 조언을 따르진 않았다. 그러나 63%의 참가자는 동전 던지기의 결과를 따랐고, 그중 절반 이상은 삶에서 중요한 기로에 선 이들이었다.

어떤 결정을 내렸을 때 직관적으로 예상하는 결과가 실제 결과와 맞아떨어지는 경우도 꽤 많았다. 사고 싶은 걸 맘껏 사도 괜찮을지 물었던 사람들은 동전 던지기로 그래도 된다는 대답을 들었을 경우 두 달 후엔 덜 행복한 것으로 나타났지만, 여섯 달이 지났을 땐 감정에 큰 변화가 없었다. 즉, 초반에는 충동구매욕에 따르는 후회가 있었지만, 장기적으로 보면 소소한 과소비 욕구는 크게 해롭지 않았다는 것을 의미한다. 한편 이 실험의 결과로 다이어트를 한 사람은 정반대의 경험을 한 것으로 드러났다. 두 달 후의 설문조사에는 행복하다고 했지만, 여섯 달 후에는 중립적인 감정을 느꼈다고 밝혔다.*

레빗의 동전 던지기에서 가장 많이 나온 질문은 '직장을 그

---

* 아마도 대부분의 다이어트 효과가 오래가지 않기 때문일 것이다.

만둬야 할까요?'라는 상당히 심각한 질문이었다. 이 책을 읽은 독자라면 직장을 그만둔다고 모든 문제가 해결되지 않으리라는 걸 잘 알 것이다. 그렇다고 해서 그것이 올바른 결정이 아니라는 의미는 결코 아니다. 레빗의 실험에서 직장을 그만둔 사람들은 여섯 달 후 행복지수에서 가장 큰 폭의 긍정적인 변화를 보였다. 1에서 10까지의 행복 척도 중 그들의 수치는 평균 5점이 올랐다. 즉, 비참한 3에서 황홀한 8로 오른 것이다.

이것이 우리에게 시사하는 바는 무엇일까? "우리는 삶에서 중요한 결정을 내릴 때, 변화하는 것에 대해 상당히 편향된 시선을 보이는 경향이 있다"라고 레빗은 말한다. 그는 "변화를 선택한 사람들은 두 달 후에 상황이 더 나빠지진 않았다고 했고, 여섯 달 후엔 훨씬 좋아졌다고 했다. 그런데도 우리는 큰 변화를 일으키는 것에 대한 편견을 갖고 있다. '승자는 절대 포기하지 않고, 포기하는 사람은 결코 이기지 못한다'와 같은 교훈은 좋은 뜻을 가졌지만, 사실 아주 형편없는 충고일 수도 있다"고 결론지었다. 간단히 말해서, 때로는 그만두는 사람이 승자다.

분명히 짚고 넘어가자면, 직업을 바꾸는 것이 항상 옳은 결정은 아니다. 직업을 바꾼 직후에는 직업 만족도가 증가하지만, 시간이 지남에 따라 다시 감소한다는 연구 결과도 있었다.

불행이라는 것은 우리가 회사에서 하는 일보다 더 깊은 곳에 뿌리를 두고 있는 경우가 많다. 다른 중요한 결정을 내릴 때와 마찬가지로 자신의 동기부여에 대해 명확히 짚고 가는 것이 가장 중요하다. 탐욕, 증오, 망상과 같이 '해로운 뿌리'에서 비롯된 결정은 좋은 결정이 되기 어렵다.

그렇다면 직업을 바꿔야 하는 이유로는 무엇이 있을까? 부처는 고통과 관련이 있어 보이는 직업은 피하는 것이 최선이라고 생각했다. 여기에는 무기, 인간, 고기, 중독을 일으키는 것들, 독극물 등의 거래가 포함된다. 다른 사람이나 환경을 해치는 일까지도 확장해서 생각할 수 있다. 또한 부처는 제자들에게 점쟁이를 포함하여 속임수를 사용하는 직업에 대해서도 부정적으로 이야기했다. 물론 이 지침을 어떻게 해석하는지는 각자에게 달려 있다. 부처는 생전에 연기자에 대해서도 부정적으로 이야기했는데, 그것이 속임수의 한 형태라고 느꼈기 때문이다. 오늘날엔 엔터테인먼트 산업이 잘 정착되어 있는 데다 대중의 이해도 또한 높으므로 연기를 거짓말의 한 형태로 보는 것은 이상하게 느껴진다. 그런데 한편으로는 할리우드가 불건전하고 정직하지 못한 시각을 전파하고 있다고 주장하는 사람들도 있다. 그러니 결국엔 거짓말의 한 형태로 보는 것도 영 틀린 말은 아닐 것이다.

요즘 대부분의 일자리는 점점 더 회색 영역으로 들어가는 것 같다. 어떤 면에서는 우리가 사는 세계에 이로울 수 있지만, 한 편으로는 그렇지 않을 수도 있다는 의미다. 첨단 기술 분야에 있는 내 직업도 예외는 아니다. 온라인으로 의사소통할 수 있는 장을 만드는 것은 긍정적인 메시지를 퍼뜨리는 효과가 있지만, 동시에 부정적인 메시지도 전파될 수 있다. 책을 출판하는 것은 독자들에게 도움이 될 수 있지만, 이로 인해 소중한 환경 자원이 소비된다. 심지어 내가 동남아시아 난민들에게 영어를 가르칠 당시에도 부정적으로 바라보는 시선이 있었다. 고향에 머무는 쪽이 더 나았을 사람들이 우리의 영향으로 조국을 떠나고 싶어 한다는 이유에서였다. 직업의 좋고 나쁨을 판단하는 데 명확한 기준이 없으니 결국 스스로 결론을 내려야 한다.

오늘날 많은 이들이 올바른 직업을 찾는 데 많은 시간을 보낸다. 난 기술 산업에 뛰어들기 전 전혀 관련 없는 직업을 여럿 거쳤고, 데이터 과학을 발견하기 전까지 소프트웨어공학 분야에서 10년 이상을 보냈다. 내가 처음 책을 출판한 건 사십대가 되어서였다. 살면서 몇 가지 다른 일을 시도해보는 것은 전혀 문제가 되지 않는다. 잘못된 선택을 했다고 느낄 땐 자신에게 솔직하게 말해도 된다. 올바른 선택이라고 생각했던 것이 시간이 지나고 나니 더 이상 자신에게 맞지 않는다고 느낄 때도 마찬가지다.

때때로 우리는 자신의 재능을 잘 판단하지 못한다. 당신을 잘 알고 있고, 당신이 하는 일을 잘 아는 사람들과 대화해보자. 당신의 강점과 약점에 대한 정직한 평가를 들어보자. 부처는 막 깨달음을 얻었을 때 자신이 좋은 스승이 될 거라고 생각하지 않았다. 하지만 그 생각은 틀렸다! 나는 한때 내가 일본에서 모델로 일할 수 있다고 생각했었다(정말로 그렇게 생각했다). 나도 틀렸다! 때때로 타인은 내가 나를 보는 것보다 더 명확하게 나를 본다.

단지 직종 선택에 국한된 얘기가 아니다. 어떤 분야든 다양한 회사와 직책과 상사가 존재한다. 모든 직원의 삶을 비참하게 만들 폭군은 가장 인도주의적인 조직 한가운데에도 있을 수 있다. 훌륭한 이력을 자랑하는 사람도 막다른 길에 봉착할 수 있다. 직업을 바꾸는 가장 좋은 이유는 고통을 줄이기 위해서(자신이 겪는 고통을 포함)다.

물론 앞에서 이야기한 것과 같이 모든 이들이 자발적으로 직업을 바꾸는 것은 아니다. 만약 당신이 해고당했다면 부처의 가르침을 마음에 새기길 바란다. 부처는 직업이 없는 것을 부끄러워하지 않았고, 일하지 않는 것을 맹렬히 옹호했다. 직장을 잃은 사람은 고통과 두려움을 느끼고 난관에 부딪힐 수 있다. 그러나 그것은 우리의 본질적인 가치와 아무런 관계가 없다.

부처의 가장 중요한 가르침 중 하나는 '어떠한 것도 영원하지 않다'는 것이다. 우리의 직업과 경력도 예외는 아니다. 현재 생계를 위해 무엇을 하고 있든, 대부분은 지금 하는 일을 죽을 때까지 하진 않을 것이다. 즉, 언젠가는 떠나야 할 때가 온다. 미국 노동통계국에 따르면 50세의 미국인은 평균적으로 18세 이후 약 12개의 직업을 전전하며, 이직의 절반은 18세에서 24세 사이에 이뤄진다고 한다.

대다수의 사람들에게 직업의 변화, 나아가 직종의 변화는 피할 수 없는 삶의 일부다. 한 생애에 많은 경험을 해볼 수 있다는 건 참 좋다고 생각한다. 부처는 "꽃이 한 무더기 있으면 화환을 여러 개 만들 수 있다. 그러므로 유한한 너희의 삶 속에서 여러 가지 기술을 섭렵해야 한다"라고 말했다. 레빗의 연구는 우리가 대체로 이러한 변화와 관련해 위험을 회피하려는 경향이 있다는 것을 보여준다. 다시 말해, 변화를 위한 적절한 시기는 당신이 생각하는 것보다 더 빨리 올지도 모른다.

4장

부처가 내 어깨를 두드렸다

완성

## 부처는 데이터를 따르라고 했다

부처는 명상, 마음챙김, 팔정도를 하루아침에 모두 발견하지 않았다. 그는 6년 동안 스승들과 공부하며 여러 가지 수련을 거쳤다. 솔직히 그가 행한 수련 중에는 약간 터무니없는 것도 있는 것 같다. 한번은 너무 오랫동안 숨을 참아서 고막이 터졌는데, 심지어 신들도 싯다르타가 죽은 줄 알았다고 한다. 그는 극단적인 단식을 시도하기도 했는데, 하루에 국물 몇 방울로 연명할 만큼 식사량을 줄이기도 했다. 팔이 너무 가늘어져서 시든 나뭇가지처럼 보였고, 뱃가죽이 척추에 닿았다는 얘기도 있다.

싯다르타가 하고자 했던 건 우리 모두가 하려는 것과 다르지 않다. 그는 고통을 멈추고 싶었고 행복하기를 원했다. 그것을 실현하기 위해 싯다르타는 기꺼이 모든 것을 시도했다. 스승을 만나 무언가를 배울 수만 있다면 먼 거리를 이동하는 것도 마다하지 않았다. 얼토당토않다고 치부할 법한 것도 일단 시도했다.

부처가 단식과 숨 참기 등의 극단적 행위들을 그만둔 이유는 너무 힘들어서가 아니라 효과가 없었기 때문이다. 싯다르타는 데이터를 믿었다. 새로운 것을 시도할 때마다 주의를 기울였고 증거를 수집했다. 무엇이 자신에게 효과가 있는지 파악했다. 효과가 없으면 그만두고 다른 것으로 옮겨갔다. 잘 안된다고 우울해하거나 불평하지 않았다. 싯다르타는 데이터를 따랐다.

마침내 깨달음을 얻은 부처는 우리 모두가 같은 기준으로 가르침을 받아들여야 한다고 주장했다. 부처는 어떤 제자도 믿음을 바탕으로 자신의 말을 받아들이길 원치 않았다. 우리가 자신의 가르침을 스스로 시험하고 경험함으로써 배우기를 원했다. 어느 강연에서 부처는 한 제자에게 "구전, 대를 걸친 가르침, 전해 들은 말, 경전에 의거해 판단하지 말라"고 충고했다. 또 다른 구절에서는 "어떤 것은 믿음을 바탕으로 완전히 받아들여질 수 있지만, 그 속은 비어 있고 거짓일 수 있다. 그러나 믿음을 바탕으로 완전히 받아들여지지 않은 것일지라도 실은 사실에 기반을 두고, 진실하며, 틀리지 않을 수 있다"라고 설명했다. 다시 말해, 믿는다고 해서 그것이 진실이 되는 것은 아니다.

이 책에 있는 모든 내용에 이와 같은 회의론을 적용해보면 어떻게 될까? 나는 여러분이 다른 사람들이 수집한 데이터를 통해 배울 수 있도록 수많은 연구와 이야기를 책에 실었다. 하지만 당신은 당신만의 것을 찾아야 한다! 무엇이 자신에게 맞는지 혹은 맞지 않는지를 알아내자. 부처가 그의 삶을 가지고 실험했던 것처럼 자신의 삶으로 실험해보자. 각자의 성공과 실수에서 배우자.

직장에서는 계속해서 어려운 질문들을 던져보자. 프레젠테이션을 들을 때 나는 "왜 그렇게 믿죠?"라고 질문하는 것을 좋아한다. 시비를 걸려는 의도는 아니고(가끔 그렇게 받아들이는 사람도 있다!) 정말 궁금해서 묻는다. 때로는 발표자가 자신이 주장하는 내용을 뒷받침하는 근거를 밝히지만, 대부분은 그렇지 않다. 그들은 믿음을 바탕으로 그 전제를 받아들였고, 나에게도 똑같이 하길 암묵적으로 요구하는 것이다. 이는 자칫 우리가 채택한 전략이 검증되지 않은 가정에 근거하고 있음을 깨닫지 못하는 위험한 집단사고로 이어질 수 있다.

그와 반대인 상황도 생각보다 자주 일어난다. 사람들은 이따금 자신이 얼마나 많은 걸 알고 있는지 깨닫지 못한다. 어쩌면 이미 답을 다 알고 있는 질문을 공부하거나, 최소한 대답을 잘할 수 있도록 준비하고 있을지도 모른다. 사람들은 종종 본질적으로 불확실한 것에서 확신을 찾으려 하고, 충분히 알기 때문에 다른 주제로 넘어가도 될 시점을 놓치곤 한다.

간단한 예로 누군가에게 미국의 대략적인 인구를 물었다고 해보자.* 그 수치를 어딘가에서 본 사람이라면 기억하고 있을지도 모른다. 하지만 본 적이 없는 사람이라면 대번에 "전혀 모르겠다"라고 대답할 것이다. 그럼 질문한 사람은 어서 검색해보라고 할 것이다. 하지만 잠시 생각해보면 아마 전혀 감이 안 잡히진 않을 것이다. 중국의 인구가 약 10억 명이라는 게 어렴풋이 생각날지도 모른다. 그리고 아마 미국의 인구가 중국보다 적다는 것은 알고 있을 것이다. 그러면 미국의 인구는 10억 명 미만이라는 것을 추론할 수 있다. 그것만 해도 큰 진전이다!

캘리포니아주에 사는 사람이라면 캘리포니아주에 대략 4천

---

*  구글, 위키피디아 등 확실한 출처를 참고할 방법이 없는 사막 한가운데서 이런 질문을 받았다고 가정해보자.

만 명 정도가 산다는 걸 알고 있을 수도 있다(실제로는 그것보다 조금 적다). 그리고 캘리포니아주는 미국의 일부이기에 미국 인구가 4천만 명 이상이라는 것을 알 수 있다. 이것 또한 큰 진전이다!

이제 범위를 더 좁혀보자. 방금 캘리포니아주는 미국의 일부라고 했다. 그렇다면 캘리포니아주는 미국의 어느 정도를 차지할까? 미국 인구의 절반이 캘리포니아주에 살까? 그럴 리는 없다! 4분의 1 정도? 캘리포니아주가 미국의 4분의 1이라면 다른 49개 주(거기에 워싱턴 DC를 더함)를 단 세 그룹으로 나눌 수 있다는 얘긴데, 그렇게 되면 각 그룹은 캘리포니아주보다 커서는 안 된다. 이것 역시 옳지 않은 것 같다. 캘리포니아주에서 정말 큰 도시는 두세 곳밖에 없다. 다른 주를 다 합친 지역에는 훨씬 많을 게 분명하다.

그렇다면 캘리포니아주의 인구가 미국 인구의 10%는 될까? 그러면 다른 주 전체를 캘리포니아주 크기의 아홉 개 그룹으로 나눌 수 있는데, 그럴 가능성은 좀 더 높아 보인다. 아마도 북동쪽에서 캘리포니아주 크기의 그룹이 두 개 정도 나올 것 같다. 그런 식으로 남동쪽에 둘, 텍사스주 주변에 하나, 중서부에 여러 개, 북서쪽에 하나 정도가 나올 것 같다. 다 더하면 대략 아홉 그룹이 된다. 이를 토대로 만약 캘리포니아주가 미국의 약 10%라면, 총인구는 약 4억 명이 될 것이다. 그 정도면 형편없이 빗나간 수치는 아니다(실제 인구는 약 3억 2700만 명이다)! 질문한 사람을 만족시키기에 충분한 대답일 것 같다.

이 예를 들기 전에 우리는 자신이 아무것도 모른다고 믿었다. 그런데 따져보니 조금은 알고 있었다. 중국과 캘리포니아주의 대략적인 인구를 알고 있었고, 앞서 열거한 지역들의 상대적인 크기에 대해서도 조금 알고 있었다. 별것 아닌 것 같지만 그 정도면 충분하다는 것으로 밝혀졌다.

누군가가 어려운 질문을 던졌을 때, 난 종종 지금 당장 할 수 있는 최선의 답이 무엇인지를 생각해본다. 정말 아무 대답도 할 수 없을 때가 있다. 하지만 곰곰이 생각해보면 뭔가 도움이 될 만한 것을 알고 있음을 깨닫곤 한다. 제한된 답을 하는 것을 스스로 용납할 수만 있다면 이를 공유하는 건 누구에게도 해가 되지 않는다. 어쩌면 상대가 필요로 하는 것은 아주 대략적인 추정치일 수도 있다.

부처는 우리에게 데이터를 따르라고 일렀다. 이 말을 따르려면 이미 가지고 있는 데이터가 무엇인지를 알아야 한다.

이것을 초심자식 사고방식의 일면으로 생각할 수도 있겠다. 초심자의 마음일 때 우리는 모르는 것을 수용한다. 동시에 우리가 무엇을 알고 있는지도 명확하게 알 필요가 있다. 모든 것을 안다고 생각하는 오만함과 아무것도 모른다고 우기는 오만함을 피해야 한다. 만약 당신이 이 양극단 중 하나를 믿는다면 잘못된 생각일 가능성이 크다. 대개는 중간 어딘가에 있다.

주변 사람에게 솔직해지는 것만큼이나 자신에게 솔직해지는 것도 중요하다. 삶과 일에 대해 자신에게 어려운 질문을 던져보자. 우리가 내린 답을 실제 증거와 비교해보자. 주변의 데이터에 주의를 기울이고, 시도하는 모든 것에서 배우자. 고의적인 오만이나 맹목적인 믿음이 우리를 잘못된 길로 인도하게 하지 말자.

## 지금 여기에 잠시 머무를 시간

　노력과 목표, 실험 및 데이터에 관해 이야기하다 보면 놓치기 쉬운 부분이 있다. 우리는 단지 살아 있다는 그 자체가 얼마나 놀라운 일인지 잊곤 한다. 잠시 멈춰서 지금 여기에 있는 것이, 이 책을 읽고 있는 것이 얼마나 큰 기적인지 생각해보자. 이 일이 일어나는 것을 막을 변수는 너무나 많았다. 삶이 존재하기 위해서는 엄청나게 복잡하고 예상을 빗나가는 상황들이 필요하다. 이 순간이 오기 전에 당신의 삶이 끝날 수도 있었던 수많은 경우의 수가 있었다. 당신의 나이가 몇이든 많은 사람들이 그 나이를 채우지 못하고 죽었다. 지금 여기에 있는 당신은 놀라운 위업을 달성한 것이다. 하지만 힘든 하루를 보낼 땐 그 사실을 놓치기 쉽다.

물론 지루한 일도 존재한다. 우리가 상상할 수 있는 가장 흥미로운 일은 대개 가끔은 힘들고 지루한 일을 포함한다. 일을 완수하기 위해서는 모두 따분하거나 불쾌한 과제를 해내야 한다. 나는 가끔 '이 회의는 정말 건너뛰고 싶다' '이 보고서를 과연 읽어보는 사람이 있을까?' 하는 생각을 한다. 캘리포니아의 햇살이 너무 좋아 하이킹이나 수영을 즐기러 가고 싶은 날에도 나는 실내에 갇혀 사소한 문제들을 다뤄야 한다.

그러나 아무 생각 없이 할 수 있는 일 또는 특별한 이유가 없는 일은 없다. 가장 기본적인 단순 암기를 요구하는 일은 명상에 도움이 된다. 일본의 선승들은 교토 사원의 정원 주변에서 갈퀴로 모래를 정돈하는 모습으로 잘 알려져 있다. 겉보기에는 아무 생각 없이 할 수 있는 일로 보이지만 완전한 현존 속에서 주의를 기울여야 할 수 있는 일이다. 나는 회의에 영 집중이 되지 않을 때, 회의가 끝날 때까지 몇 분이나 남았는지 시간을 재면서 하고 싶은 일에 대해 공상하고픈 유혹을 느낀다. 하지만 그럴 땐 반대로 내가 있는 곳에 집중하려고 노력한다. 어떨 땐 회의실을 둘러보며 사람들의 참된 모습을 보려고 노력한다. 사람들의 표정도 관찰한다. 누가 긴장했나, 누가 즐거워하나, 누가 짜증이 났나. 사람들의 다양한 눈 색깔도 관찰해본다. 그러다 보면 간혹 사람들이 얼마나 아름다운지 깨닫고는 깜짝 놀란다. 사람들을 진심으로 들여다보면 감탄이 절로 나온다. 그들은 모두 나와 마찬가지로 풍요롭고 다채로운 삶을 사는 온전한 인간이다. 동시에 내가 그렇고 부처가 그랬듯 그들 역시 기본적인 질문에 고군분투한다. 그들은 모두 행복하기를 원한다. 회의에서 사람들을 관찰하기 시작하면, 회의 자체에 관심이 가지 않을 수 없다.

누구나 힘든 날이 있다. 우리는 모두 가끔 상사, 직장 동료, 고객 때문에 화가 나기도 한다. 그럴 때는 이곳이 아닌 다른 곳에 있기를 바라곤 한다. 하지만 그 순간을 환상 속으로 빠져드는 신호로 여기기보다 바로 그 순간의 좋은 점을 찾으려고 노력해보자. 거창한 생각이 아니어도 좋다. 새로운 업무는 싫을지라도 지금 앉아 있는 의자는 마음에 들 수도 있다. 어쩌면 오늘 아침에 선택한 옷이 유난히 좋을 수도 있다. 키보드의 자판을 누를 때 나는 소리가 좋을 수도 있고, 친절한 동료의 목소리가 좋을 수도 있다. 지금 이 순간에 사랑할 무언가를 찾을 수 있다면 다음 순간에도 사랑할 무언가를 찾을 수 있을 것이다. 인생은 결국 매 순간이 모여 이루어지기 때문이다.

지금 당신이 있는 곳이 어디든 이 실험을 해보길 바란다. 눈을 감고 들을 수 있는 모든 소리를 들어보자. 그 소리가 무엇인지 판단하거나 분류하거나 식별하지 말고 그냥 들어보자. 분별하는 마음을 내려놓을 수 있다면 자동차 소리도 시냇물 소리만큼이나 음악적으로 들릴 수 있다. 지금 난 이 글을 쓰며 끊임없이 윙윙대는 냉장고 소리, 부드럽게 울부짖는 듯 들리는 찻주전자의 물 끓는 소리, 가냘프게 째깍거리는 손목시계 소리, 밖에서 지저귀는 새 두 마리의 소리를 들을 수 있다. 이 소리들은 그 나름의 미묘한 아름다움을 지니고 있다.

이처럼 매 순간 소소한 아름다움을 찾아보자. 직장생활의 많은 부분은 그것에 반하는 것들로 이뤄져 있는 듯하다. 우리는 하나의 일거리를 처리하면 다음 일거리로 끌려가는 삶을 끊임없이 되풀이하며, 그 와중에 우리가 해야 하는 다른 일들을 끊임없이 생각한다. "우리는 너무 바빠서 우리가 무엇을 하고 있는지, 심지어 우리가 누구인지조차 잊어버린다"라고 틱낫한은 설명한다. 한편 우리는 의식 없는 상태와 산만함으로 빠져드는 것에 저항할 수 있다. 우리가 해야 할 일은 지금 이 순간을 우리가 있는 바로 그 자리에 있게 하는 것이다. 틱낫한은 "현재에 정착했을 때, 눈앞에 펼쳐진 아름다움과 경이로움을 볼 수 있다"고 말했다.

우리는 특히 직장에서 틱낫한이 이야기한 망각을 경험한다.

우리는 '일'을 선택의 여지가 없을 때 하는 것쯤으로 생각한다. 하지만 매 순간 우리에겐 선택권이 있다. 가장 지루하거나 짜증 나는 일을 할 때도 주의를 기울이고 현존하는 것을 선택할 수 있다. 모래를 정돈하는 스님이든 스프레드시트를 작성하는 회사원이든, 부엌을 정돈하거나 빨래를 갤 때도, 우리는 잠시 하던 걸 멈추고 지금 이 자리에 있다는 기적에 감사할 수 있다.

## 타인을 구하는 가장 간단한 방법

불교가 아시아 전역에 퍼지고 발전함에 따라 자신을 마하야나(Mahayana) 또는 '대승'이라고 부르는 새로운 줄기가 생겨나 번성했다. 이들은 우리의 사명은 단지 자신이 깨달음을 얻는 데 멈추지 않고 다른 사람들도 깨닫도록 돕는 것이라고 믿었다. 그리고 모든 사람이 함께할 수 있을 때까지 열반에 올라 이 세상을 떠나지 않겠다고 맹세했다. 따라서 마하야나 전통에 의하면 우리 개인은 보디사트바라고 하는 단 하나의 진짜 임무만을 띤다. 즉, 우리의 목적은 모든 존재를 고통에서 구하는 것이다.

참 간단하게 들린다. 그렇지 않은가? 물론 쉽진 않겠지만 생각만큼 어렵지도 않을 것이다. 다른 사람을 도울 방법은 많다. 꼭 의사나 간호사가 되지 않아도 되고, 전쟁으로 황폐해진 지역을 찾아가지 않아도 된다. 극빈층이나 중병에 걸린 사람을 찾아 돕지 않아도 된다. 물론 그런 선택을 하더라도 문제 될 건 없다. 여러분 중엔 그렇게 해야겠다고 느끼는 사람도 있을 것이다.

하지만 꼭 아프거나 박탈을 당해서 고통을 느끼는 것은 아니다. 대부분의 고통은 병이나 박탈과는 거리가 멀 수도 있다. 우리가 누리는 물질적 부와 삶의 편안함은 부처가 살았던 시대와는 비교가 안 될 정도로 커졌지만, 고통은 늘 있었던 문제다. 고통의 뿌리는 육체적으로 느끼는 것보다 깊은 곳에서 비롯되므로 보디사트바 서약은 물질적 지지와 편안함을 제공하는 것보다 훨씬 깊은 영역으로 들어간다.

부처는 가난한 사람들을 먹이는 데 자신의 삶을 바치지 않았다. 반대로 가난한 사람들이 자신을 먹여 살리길 기대했다. 매일 아침 부처는 가장 가난한 마을에서도 먹을 것을 구하러 나갔고, 지역 주민들이 주는 것만 먹었다. 오늘날 불교 국가에서도 이와 같은 의식을 볼 수 있다. 비구와 비구니들은 주변에 있는 사람들에게서 음식을 얻는다. 일반적으로 그 반대로는 이뤄

지지 않는다.[*]

부처는 특권의식 때문에 그런 행동을 한 게 아니다. 부처는 자신이 제공할 수 있는 가장 큰 봉사는 가르치는 것이라고 생각했다. 초기 불교 경전에 나오는 '연민'은 우리가 흔히 생각하는 서로를 돕는 개념과는 차이가 있다. 그것은 전적으로 우리 주위의 존재들이 깨달음을 얻고 자신의 고통을 끝내도록 돕는 맥락에서 쓰인다. 부처는 이것을 생애의 업적으로 삼았다.

다시 말하지만, 무료 급식소에서 자원봉사를 하거나 자선단체에 기부하는 것에 문제가 있다고 말하는 게 절대 아니다. 당연히 아무 문제 없을뿐더러 훌륭한 행동이다. 하지만 자선 활동과 같은 행위를 하지 않고도 타인이 더 이상 고통을 느끼지 않도록 도울 수 있다. 만나는 모든 사람에게 친절을 베풀자. 힘들어하는 사람에게 미소를 보이고 따뜻하게 안아주자. 진실을 들어야 할 사람에게 진실을 말해주자. 혼돈 앞에서 침착함을 구현하자.

직장에서는 보디사트바 서약을 이행할 만한 기회가 수없이 많다. 암에 걸린 동료나 중병을 앓는 아이를 돕는 것처럼 크고 극적인 기회도 있을 수 있지만, 그보다 더 작은 것들도 있을 수

---

[*]  예외도 있다. 미국의 불교 스승인 래리 양은 태국에서 승려였을 때 여분의 구호금을 이주
    노동자들에게 기부했다고 한다.

있다. 중요한 것은 기회가 왔을 때 행동하는 것이다. 난 아직도 이전 직장에서 면접을 보던 날 아침이 생각난다. 스트레스를 많이 받는 날이었을 텐데도 접수 담당자는 따뜻하고 친절하게 나를 맞이했다. 덕분에 그 자리에서 긴장이 풀렸다. 3년이 지난 지금까지도 나는 그 직원의 친절함에 정기적으로 감사하는 마음을 갖는다.

다른 사람이 고통받는 것을 볼 때 우리는 외면하고 싶은 유혹을 받는다. 다른 사람의 고통을 보는 건 괴롭다. 타인의 고통을 보는 것만으로도 우리는 고통을 느낀다. 하지만 그 고통을 직면하는 것이 보디사트바 서약의 핵심이다. 당신과 함께 일하는 이들은 모두 인간이다. 그들 모두 고통을 겪는다. 그들은 모두 고통받고 싶어 하지 않는다. 당신이 도울 수 있다.

부처는 애초에 스승이 될 마음이 없었다. 애당초 궁전을 떠난 이유는 가르치기 위함이 아니었다. 싯다르타는 인생의 거대한 질문에 대한 답을 찾고 싶어 했다. 답을 찾은 부처는 열반에 들었다. 누군가의 영웅이나 구세주가 되기를 바라진 않았으나, 남을 가르치고 세상과 교류하게 된 것은 타인에 대한 연민 때문이었다. 부처는 다른 사람들이 고통에서 벗어나도록 도와야 할 의무를 느꼈고, 그에게는 가르치는 것이 가장 좋은 수단이었다.

직장에서도 이와 같은 목적의식을 찾을 수 있다. 직장에서 만나는 모든 사람은 이타심을 발휘해 연민을 느끼고 자비를 베풀 대상이 될 수 있다. 다른 사람을 우선시한다는 것은 하인 같은 존재가 되는 것을 뜻하진 않는다. 동료들이 당신을 괴롭히도록 내버려두어서는 안 된다. 다만 한명 한명 존중하며 사랑으로 대해야 한다. 앞서 이야기했듯 전하기 까다로운 말도 얼마든지 친절하게 전달할 수 있다. 달라이 라마는 "불교의 주된 주제는 연민과 사랑에 근거한 이타주의다"라고 말했다. 이타주의를 실천하기에 직장은 낯선 곳으로 보일지 모르지만, 생각하기에 따라서는 그렇지 않을 수도 있다.

여기에서 멈추지 말자. 직장 밖에서도 다른 사람을 도울 기회는 얼마든지 있다. 내 친구는 몇 년 전에 노숙자와 친구가 됐는데, 힘든 시기엔 그가 모텔에서 묵을 수 있도록 도와준다. 또 다른 친구는 자신의 미용사를 대신해 이민 변호사 비용을 내줬다. 내 큰딸은 계속해서 길 잃은 애완동물의 주인을 찾아 돌려주고 있다. 막내딸은 배고파 보이는 친구를 위해 여분의 점심을 챙겨서 학교에 가져가곤 했다. 나는 인명구조요원으로 일한 적도 없고 수영을 잘하는 축에도 들지 않지만, 수영장에서 갓난아기를 구한 적이 있다. 때마침 그 자리에 있었고, 주의를 기울이고 있었기에 가능했다. 때로는 그 정도만으로도 충분하다. 당신의 직업이 무엇이든 주의를 기울인다면 남는 시간을 활용해 아마추어급 보디사트바 정도는 충분히 될 수 있다.

이러한 실천에 관해 가장 많이 고찰한 사람은 이 주제로 책을 쓴 인도의 초기 대승불교 수도승인 샨티데바가 아닐까 싶다. 샨티데바가 남긴 책의 제목은 대략 '보디사트바 생활 방식의 길잡이'로 번역된다. 그 책에서 그는 "살아 있는 존재에게 직접 또는 간접적으로 이익이 되는 일 이외에는 아무것도 하지 말아야 한다"라고 요약했다.

그의 말을 직장에서 적용해보길 권한다. 모든 상호작용 속에서 세상을 조금 더 나은 곳으로 만들 기회를 발견하자. 당신이 하는 모든 일이 주변 사람들에게 어떤 영향을 미치는지 관심을 가지면 그들을 도울 뿐만 아니라 스스로에게도 깨달음을 얻을 기회를 제공할 수 있다.

## 혹시 지금 막 불교신자가 되신 건가요?

미국은 많은 면에서 대단히 종교적인 국가다. 미국인 다수는 그들의 종교적 전통에 깊은 유대감을 느낀다. 대부분은 기독교인이지만 유대교도, 이슬람교도, 힌두교도, 불교도 또한 그 숫자가 적지 않으며 자신들의 종교에 헌신적이다.

자, 그럼 이 책을 다 읽은 시점에서 내가 쓴 내용에 전부 동의한다고 가정해보자. 당신은 이제 막 불교신자가 되었나?

부처의 기본적 가르침에 동의하는 사람, 즉 불교가 옳다고 믿는 사람은 누구나 불교신자로서 자격을 얻었다고 할 수 있다. 하지만 『불교는 왜 진실인가』(이재석·김철호 옮김, 마음친구,

2019)를 쓴 작가이자 철학자인 로버트 라이트는 자신을 불교 신자라고 부르지 않는다. 왜일까? 라이트는 자신의 논리를 이렇게 설명한다.

"나는 나를 불교신자라 부르지 않는다. 전통 불교에서 내가 채택하지 않은 차원(생각, 의식과 관련하여)이 너무나도 많기 때문이다. 나는 환생이나 업보와 관련된 개념을 믿지 않는다. 명상실에 들어가자마자 불상 앞에 엎드려 절을 하지도 않는다. 부처나 그 외 불교의 신들에게 기도를 올리지도 않는다. 나를 불교신자라 칭하는 것은 아시아와 여타 지역에서 풍부하고 아름다운 종교적 전통을 계승하고 지속하는 수많은 불교신자들에게 결례를 범하는 일이라고 생각한다."

나는 이와는 사뭇 다른 접근 방법을 택했다. 나는 나를 불교신자라고 부른다. 인생의 대부분을 그렇게 해왔으며, 심지어 선승이 되었다. 가끔 전통 승복을 입고 의식을 행하기도 한다. 그 의식은 일본 전역의 선종 사찰에서 승려들이 1000년 동안 행해 온 것이고, 이제는 전 세계에서 행해진다. 문자 그대로의 환생을 믿거나 불교의 신들에게 기도를 드리진 않지만, 불상을 보면 최초의 스승과 그의 가르침을 존중하는 의미로 절을 한다.

당신이 만나본 적 없는 철학자와 나에 관한 이야기는 이제 충분히 했다. 그렇다면 당신은 어떤가? 당신은 이제 막 불교신자가 되었나?

물론 난 그 질문에 답해줄 수 없다. 전통적인 불교의 수련 방식에서 생명을 건강하게 유지해주고 삶에 도움을 주는 요소를 발견하는 사람들도 있다. 이 책에서 논의된 이야기들을 끌어낸 것 또한 불교의 오랜 수련 방식들이다. 그들은 전통과 자신을 동일시하고 스스로를 그 계통에 둠으로써 위안을 얻는다. 아마 마음챙김 수련을 하는 데에도 도움을 받을 것이다. 다른 종교에서도 비슷한 생각을 했을 수 있지만, 마음챙김에 대한 특정한 해석과 그와 관련된 관념들은 약 2500년 전 부처와 함께했던 특정 계통의 스승들에게서 비롯됐다. 최초의 불교신자가 된 두 상인이 한 일은 부처와 그의 가르침으로 피난처를 찾은 것뿐이었다. 어쩌면 당신은 그 가르침 안에서 피난처를 찾았고, 위안을 얻거나 영감을 얻었다고 느꼈는지도 모른다.

모태 신앙으로서의 불교에 강한 유대감을 느끼는 이들도 있을 것이다. 부처의 가르침에 공감하는 동시에 여전히 예수나 무하마드 혹은 그 외에 불교가 아닌 다른 종교적 인물의 가르침을 깊이 믿고 있는 사람도 있을 것이다. 정기적으로 교회나 사원, 유대교회당 또는 이슬람 사원에 가는 사람도 있을 것이며, 집에서 계속 기도하는 이들도 있을 것이다.

그런 선택에는 아무런 문제가 없다. 경전에는 부처를 만나

제자가 된 우팔리라는 부자의 이야기가 있다. 새로운 신앙에 깊게 빠져든 우팔리는 부처에게 이렇게 말했다.

"이제부터 당신과 당신 제자들에게만 기부하고 이전의 정신적 스승들에게는 기부하지 않겠습니다."

우팔리는 그 전까지 고대 인도의 종교인 자이나교를 믿었다. 부처는 우팔리의 가족이 오랫동안 그 스승들을 부양해왔듯 앞으로도 그래야 한다고 말했다. 부처는 우팔리를 제자로 받아들이는 것을 기뻐하면서도 한편으로는 그가 자신의 과거와 단절할 이유는 없다고 생각했다.

불교는 배타적이지도 않고 다른 신앙을 포기하라고 요구하지도 않는다. 불교는 실제로 어떠한 것도 믿으라고 요구하지 않는다. 이미 알아챘겠지만 불교는 믿음을 갖는 것보다는 무언가를 행하고, 실천하고, 경험하고, 실험하는 것에 중점을 둔다. 그렇게 쌓인 수련과 경험에 우리는 불교라는 이름표를 붙일 수 있다. 자신을 불교신자라고 부를 수 있고, 불교 용어를 사용해가며 깨달음과 각성에 대해 말할 수 있다. 물론 그렇지 않아도 좋다.

이 책의 목적은 당신을 불교신자로 만들기 위함이 아니다. 내 목표는 그보다 훨씬 소소한 동시에 원대하다. 이 책을 읽은 사람들이 더 행복해지고 덜 고통받는 데에 부처의 가르침 중 일부를 참고하도록 돕는 것이다. 주로 직장생활을 염두에 두고 썼지만, 당신이 시간을 보내는 곳이면 어디든 상관없다. 잠시 행복한 것에 멈추는 것이 아닌 참되고 깊은 행복을 누리길 기원한다. 불교에서는 이를 '깨어났다'라고 표현하는데, 결과적으로는 같은 의미다.

우리가 논의한 대부분의 기술이 종교적이거나 영적인 것으로 느껴지지는 않을지도 모른다. 주의를 기울여라. 균형을 찾아라. 잘 먹고 잘 자고 규칙적으로 운동하라. 건강한 목표를 세워라. 열심히 일하되 너무 오래하진 마라. 진실을 말하라. 친절해져라.

부처 역시 당신이 불교신자가 되든 말든 상관하지 않는다. 부처는 단지 당신이 부처가 되기를 바랄 뿐이다. 난 당신이 해낼 수 있으리라 생각한다.

자, 이제 일하러 가자.

작년에 글 쓴다고 가족과 많은 시간을 보내지 못했는데, 제
응석을 받아준 가족이 없었다면 이 책은 나오지 못했을 겁니다.
디나, 애나, 맥신, 고마워. 저의 에이전트 로라 데일, 편집자 제
니퍼 캐시우스에게도 감사의 말을 전합니다. 두 사람은 저보
다 훨씬 앞서 이 책에 믿음을 가져줬고, 글을 쓰는 동안 격려
해주고 인내심을 심어줬습니다. 비록 함께 이 책을 쓰자고 설
득하진 못했지만 계속해서 영감을 주고 지지를 아끼지 않은
글쓰기 파트너이자 친구인 타라 코트렐에게도 고마움을 전합
니다. 타라는 제가 글을 쓰는 내내 계속해서 좋은 아이디어를
문자로 보내줬습니다. 제 친구 이리나 레이는 고군분투하는
저에게 비판적인 관점을 제시했고, 이 책의 윤곽을 잡는 데 도
움을 줬습니다.

저는 수년간 많은 회사에서 일했는데, 그때마다 배우는 게 있었습니다. 그 직장들은 불교적 수행과 직장생활 사이의 연관성에 대해 더 깊이 생각할 수 있는 공간이 되어주었습니다. 그 경험들은 제가 여기에 쓴 많은 글의 토대가 되었습니다.

이 책을 처음 쓰기 시작한 건 타사자라 젠 마운틴 센터에서 잠시 머무를 때였습니다. 그곳에서 저를 환영해주신 모든 분께 감사드립니다. 또한 서양에서 고유한 불교 문화를 유지할 수 있도록 애쓰신 모든 분께도 감사드립니다.

옮긴이 **최영열**

한양대학교 연극영화학과를 졸업한 후 연극 및 다원예술 분야에서 활동하고 있으며, 번역 에이전시 엔터스코리아에서 번역가로 일하고 있다.

옮긴 책으로는 『걸 디코디드』 『테넷: 메이킹 필름 북』 『스트리트 워크아웃』 『콜드플레이』 『얼티밋 마블』 『해저 세계』 『엘레멘티아 연대기 전집』 『스피드 페인팅 마스터하기』 등 다수가 있다.

부처님 회사 오신 날

© 댄 지그몬드, 2021

초판 1쇄 인쇄일   2021년 5월 7일
초판 1쇄 발행일   2021년 5월 17일

지은이      댄 지그몬드
옮긴이      최영열
펴낸이      정은영
편집        문진아 최성휘 김정택 정사라
마케팅      최금순 오세미 박지혜 김하은
제작        홍동근

펴낸곳      (주)자음과모음
출판등록    2001년 11월 28일 제2001-000259호
주소        04047 서울시 마포구 양화로6길 49
전화        편집부 (02)324-2347, 경영지원부 (02)325-6047
팩스        편집부 (02)324-2348, 경영지원부 (02)2648-1311
이메일      jamoteen@jamobook.com

ISBN 978-89-544-4702-7 (03190)